趙超構著

延安一月

南京新民報社發行

谨以此书纪念赵超构先生 115 周年诞辰

（1910—2025）

林筱不老

李天扬

编

上海书画出版社

林放，新民晚报社老社长赵超构的笔名。这两个名字和他的作品，曾随《新民晚报》飞入寻常百姓家，在上海，可谓家喻户晓。

2024年9月9日，是中国大陆出版时间最久的报纸——《新民晚报》创刊95周年的纪念日，新民晚报社和中国近现代新闻出版博物馆联合举办"林放不老——赵超构手迹暨《延安一月》出版80周年展览"，庆贺95岁生日。因为，老社长和他的办报思想，是《新民晚报》的灵魂。

赵超构先生，是杰出的报人、杂文家和社会活动家，是社会主义晚报事业的奠基人、开拓者。他的杰出贡献有三：一、有办报思想，从倡导"短广软"到提出"宣传政策，传播知识，移风易俗，丰富生活"十六字方针，是《新民晚报》的宝贵精神财富；二、有经典著作，他的《延安一月》和《未晚谈》不仅是写作意义上的传世杰作，而且在一定程度上为中国的革命、建设和上海改革开放事业作出了独特的贡献；三、有成功实践，《新民晚报》正是在他的办报思想引领下，成为全国晚报的旗帜，《新民晚报》与上海市民水乳交融的关系，成为中国独一无二的城市文化现象。

虽然赵超构先生在办报思想、创作、实践上作出了巨大的贡献，但他一生淡泊名利，以寻常百姓自居，非但不保存自己的手稿和名家来信，也不赞成别人研究他、写他的传记。因此，赵超构手稿手迹存世无多。当然，他的谦逊态度，并不影响他的成就。随着时间的推移，赵超构及其新闻思想的重要性，越来越受到重视，"赵超构研究"也在学术界和新闻界慢慢兴起。

展览用近百件（套）珍贵的赵超构手稿、手迹和摄影作品及相关文物，全面、立体、丰满地展现了赵超构先生的生平故事、道德文章，既与新民同仁共勉，亦与社会公众分享。

在近两个月的展期里，许多《新民晚报》的老读者来到展厅，缅怀老社长。展览也得到了业界和学界的好评。由于绝大多数的展品是向相关机构和个人借展的，故展览结束，济济一堂的展品均各归其主，散于各处。从专家学者、报社同仁到广大读者、观众，纷纷表达了希望出版展览图录的心愿，使得这一富有意义的展览能在纸间长存。因此，我们编印本书，并精选手稿、书信等全文释出排印，以飨读者。

林放不老。"为百姓分忧，与百姓同乐"，新民精神，正青春。

李天扬

撰

目录

第

一

章

　　至 2024 年，赵超构先生的《延安一月》问世已 80 周年。故此，我们把第一个章节，献给这部传世名作。

　　1944 年，赵超构先生参加中外记者西北参观团赴陕甘宁边区。在延安，他采访了毛泽东等中国共产党领导干部、文艺界人士和群众，回重庆后在《新民报》上连载《延安一月》，第一次在国统区公开报道延安的真实情况，并于 1944 年 11 月由新民报社出版单行本，被周恩来同志誉为"中国的《西行漫记》"。

　　《延安一月》在重庆一共印刷出版了三个版次，本次展览首次将三个渝版以及成都印再版，共四个版本集齐并公开展出，这对《延安一月》的版本研究有极大帮助。

　　同时展出的还有《延安一月》上海版赵超构题赠本、日文版及陕甘宁边区政府赠赵超构的毛毯等相关文物。

《延安一月》初版
1944 年 11 月重庆印
中国近现代新闻出版博物馆藏

著 構超趙

延安一月

版出司公限有份股報民新京南

林放不老

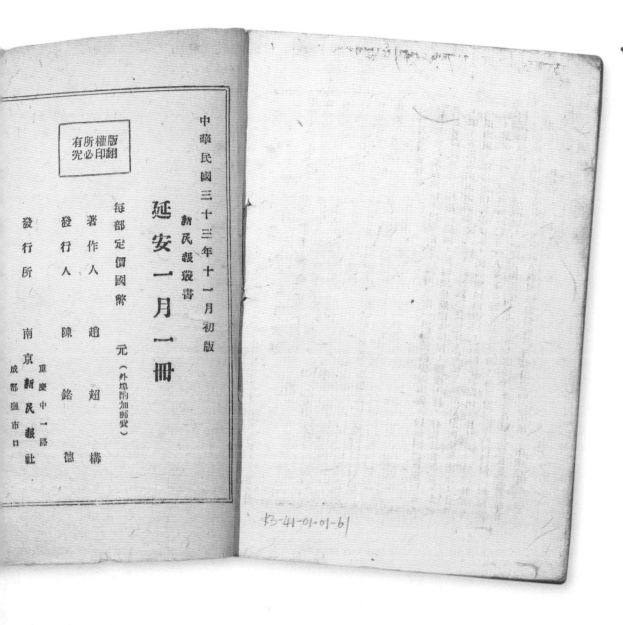

中華民國三十三年十一月初版

新民報叢書

延安一月一冊

版權所有
翻印必究

每部定價國幣　元（外埠酌加郵費）

著作人　趙超構

發行人　陳銘德

發行所　南京新民報社

重慶中一路

成都鹽市口

K3-41-01-01-61

《延安一月》初版版权页

《延安一月》再版
1944 年 12 月重庆印
中国近现代新闻出版博物馆藏

延安行

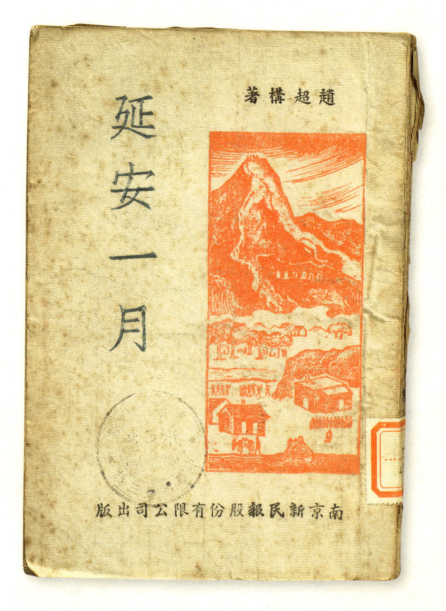

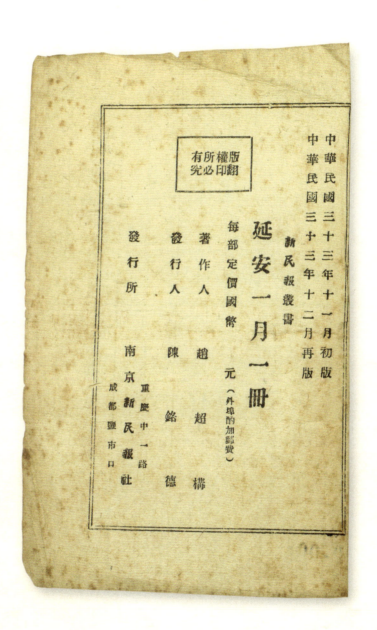

新民報叢書

延安一月一冊

每部定價國幣　　　　元（外埠酌加郵費）

著作人　　趙　超　構

發行人　　陳　銘　德

發行所　　南京新民報社

重慶中一路

成都鹽市口

中華民國三十三年十一月初版

中華民國三十三年十二月再版

《延安一月》重庆再版版权页

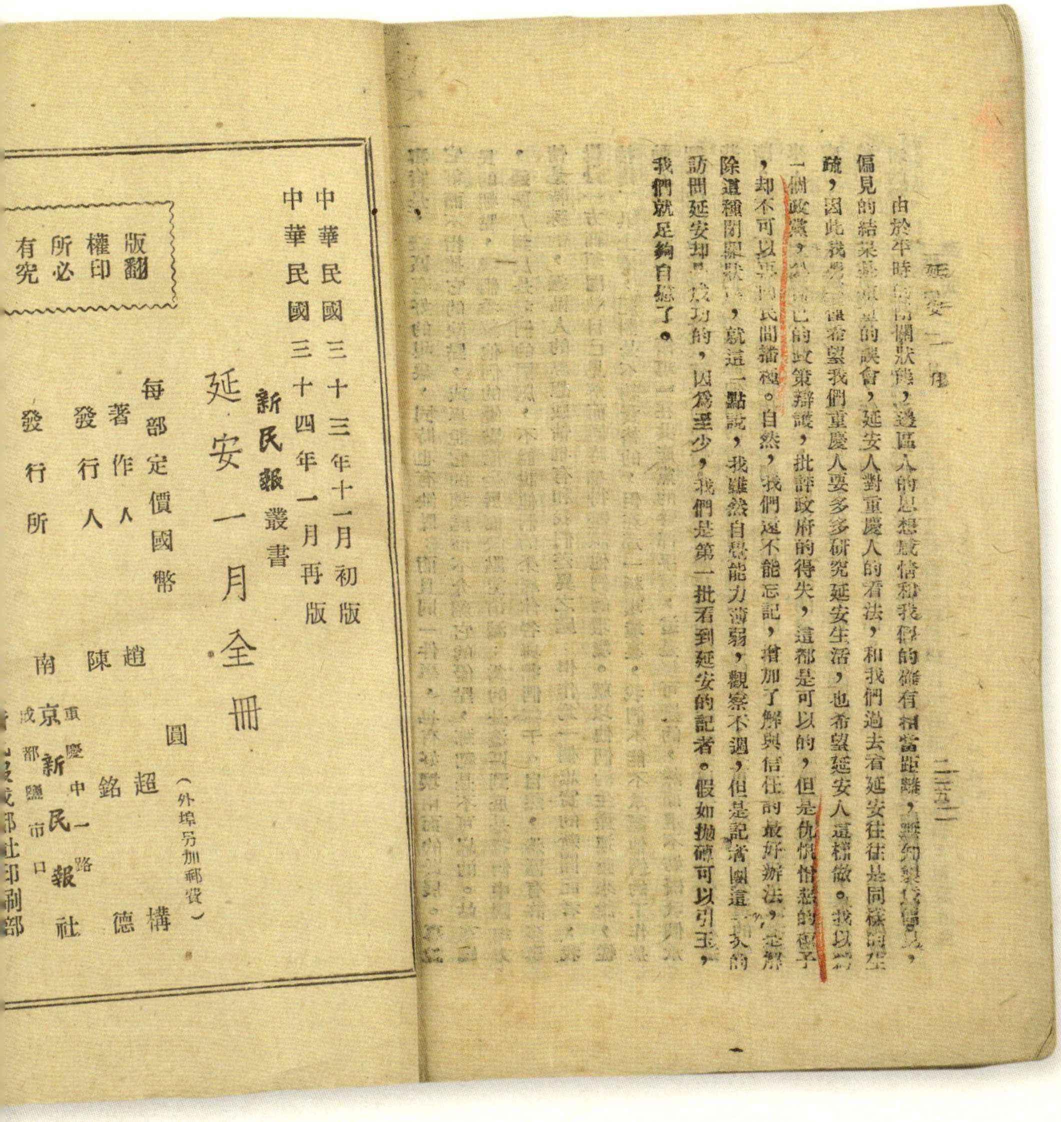

版權所有
翻印必究
中華民國三十三年十一月初版
中華民國三十四年一月再版
新民報叢書
延安一月全一冊
每部定價國幣 圓
（外埠另加郵費）
著作人 趙超構
發行人 陳銘德
發行所 南京 重慶中一路 成都鹽市口 新民報社
新民報成都社印刷部
延安一月
由於平時的隔閡狀態，邊區人的思想感情和我們的確有相當距離，難免雙方會有
偏見的結果與無謂的誤會，延安人對重慶人的看法，和我們過去看延安往往是同樣的生
疏，因此我們希望我們重慶人要多多研究延安生活，也希望延安人這樣做。我以為
一個政黨，公開自己的政策辯護，批評政府的得失，這都是可以的，但是仇恨惡意的種子
，卻不可以再向民間播種。自然，我們還不能忘記，增加了解與信任的最好辦法，是解
除這種閉關狀態，就這一點說，我雖然自愧能力薄弱，觀察不週，但是記者團這一次的
訪問延安却是成功的，因為至少，我們是第一批看到延安的記者。假如拋磚可以引玉，
我們就足夠自慰了。

《延安一月》成都再版版权页

《延安一月》三版
1945年2月重庆印

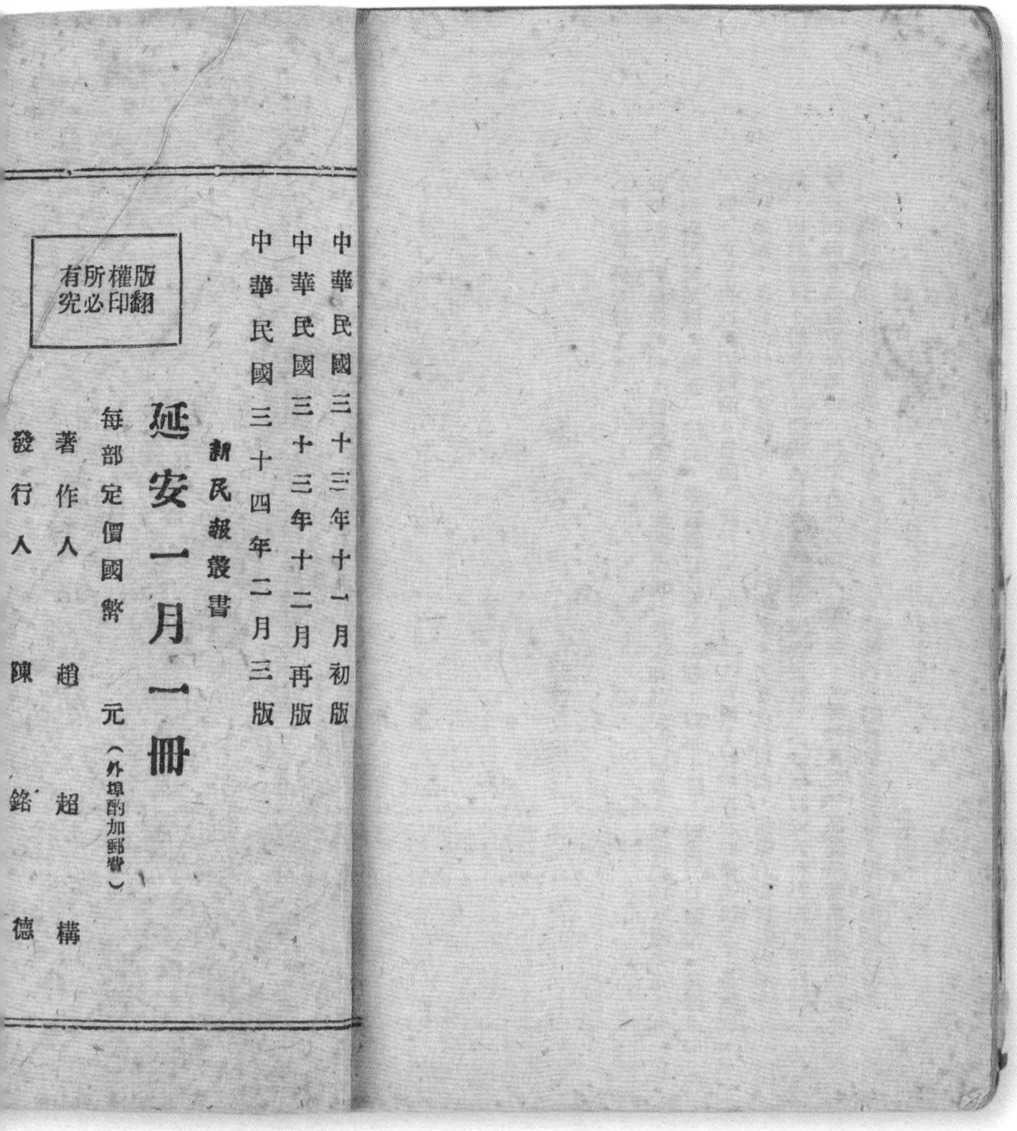
中華民國三十三年十一月初版
中華民國三十三年十二月再版
中華民國三十四年二月三版

新民報叢書

延安一月一冊

每部定價國幣　元（外埠酌加郵費）

著作人　趙超構

發行人　陳銘德

版權所有
翻印必究

《延安一月》三版版权页

新民报文艺丛书之六

延安一月

赵超构著

南京新民报社出版

上海教育书店总经售

林放不老

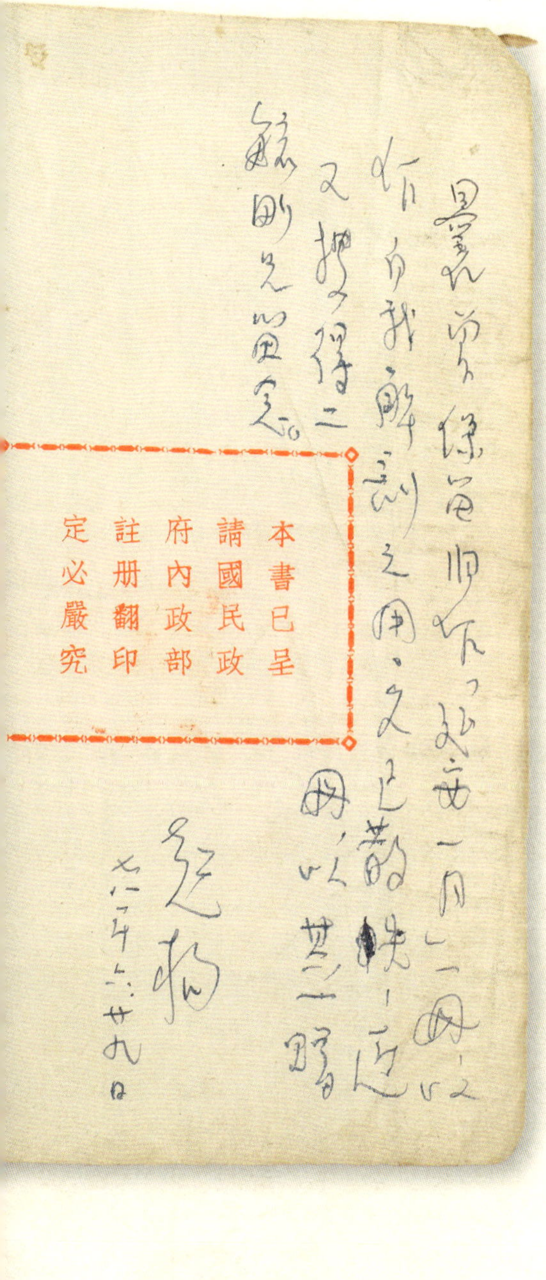

曩曾保留旧作延安一月一册以作自我解剖之用。久已散佚，近又搜得二册，以其一赠毓刚兄留念。

超构

七八年六月廿九日

本書已呈請國民政府內政部註册翻印定必嚴究

赵超构题赠沈毓刚

★ 沈毓刚为《新民晚报》原副总编辑

赵超构题：

曩曾保留旧作《延安一月》一册，以作自我解剖之用。久已散失，近又搜得二册，以其一赠毓刚兄留念。

超构

七八年六月廿九日

《延安一月》上海版

1946年1月上海印　新民百年报史馆藏

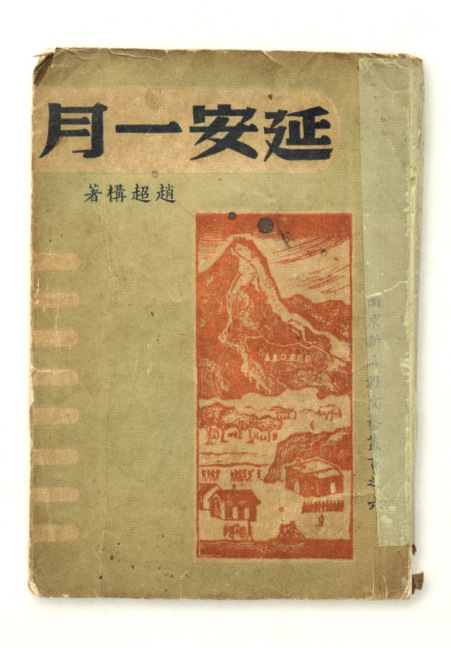

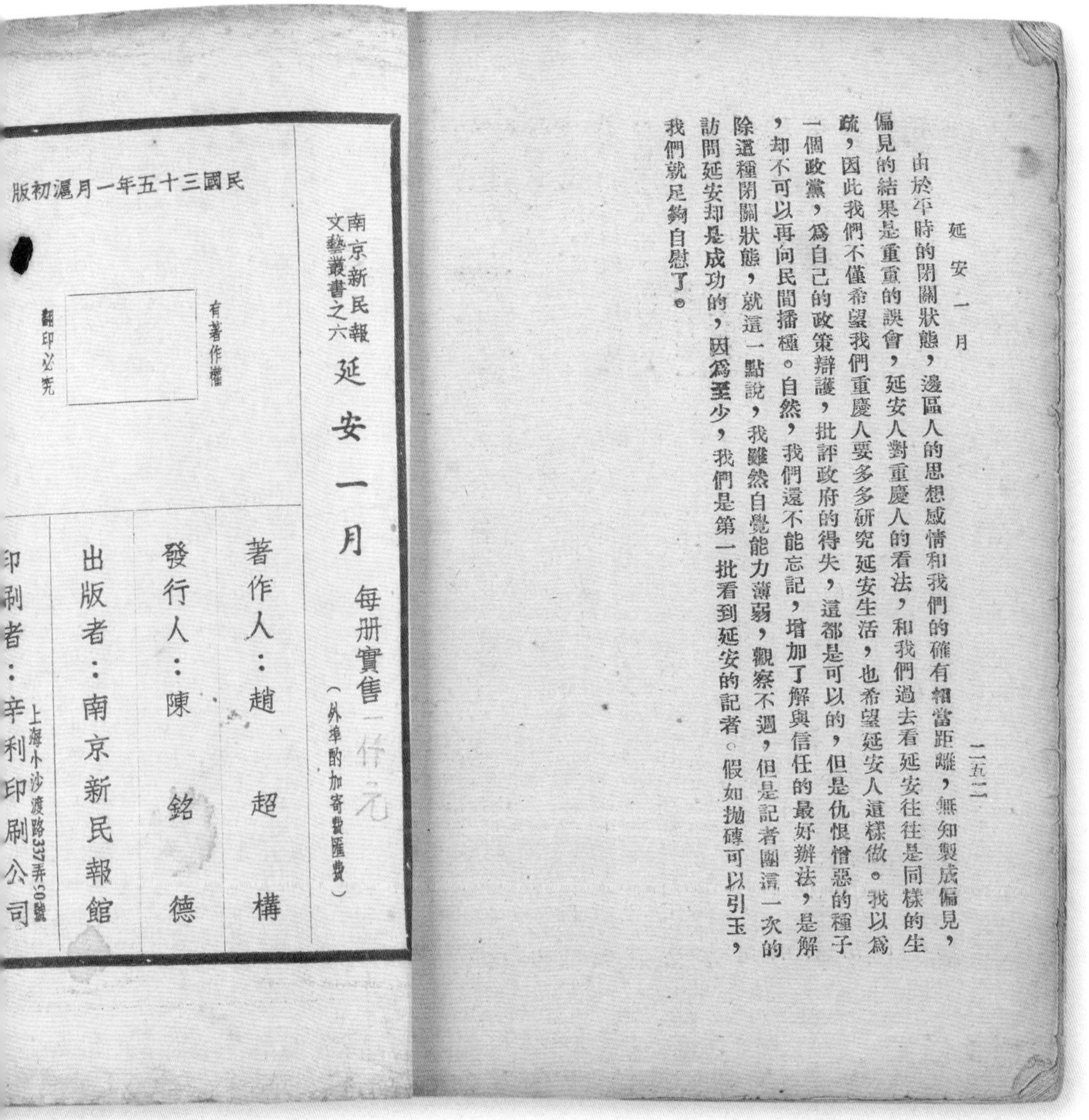

林放不老

延安一月

由於平時的閉關狀態，邊區人的思想感情和我們的確有相當距離，無知製造成偏見，偏見的結果是重重的誤會，延安人對重慶人的看法，和我們過去看延安往往是同樣的生疏，因此我們不僅希望我們重慶人要多多研究延安生活，也希望延安人這樣做。我以為一個政黨，為自己的政策辯護，批評政府的得失，這都是可以的，但是仇恨憎惡的種子，却不可以再向民間播種。自然，我們還不能忘記，增加了解與信任的最好辦法，是解除這種閉關狀態，就這一點說，我雖然自覺能力薄弱，觀察不週，但是記者團遊這一次的訪問延安却是成功的，因為至少，我們是第一批看到延安的記者。假如拋磚可以引玉，我們就足夠自慰了。

二五二

版初滬月一年五十三國民

南京新民報
文藝叢書之六

延安一月

每冊實售二作元
（外埠酌加寄費匯費）

著作人：：趙超構
發行人：：陳銘德
出版者：：南京新民報館

印刷者：：辛利印刷公司
上海小沙渡路337弄50號

《延安一月》上海版版权页

《延安一月》日文版
1947年6月日本京都印

民國卅六年六月一日　初版印刷
昭和廿二年六月一日　初版印刷
民國卅六年六月五日
昭和廿二年六月五日　初版發行

定價四拾五圓
（送料參圓）

發行者
京都市下京區西洞院花屋町西入ル
陳　典　昭

印刷者
京都市右京區太秦上刑部町一〇
大日本印刷株式會社
京都工場

毛毯

　　陕甘宁边区难民纺织厂生产。1944年，边区政府赠与中外记者团记者。1946年，赵超构离开重庆赴上海，创办《新民报（上海版）》。临行前，他将毛毯送给邻居孩子许可成。2010年春末夏初，赵超构100周年诞辰之际，许可成将毯子捐赠给赵超构的故乡文成县（浙江温州）。

羊毛垫子

　　陕甘宁边区难民纺织厂生产。1944年，边区政府赠与中外记者团记者。2001年5月，赵超构家属捐赠给上海市档案馆。

羊毛垫子背面

1944年8月29日《新民报》，
刊《延安一月·秧歌大会》
中国近现代新闻出版博物馆藏

1944 年 12 月 6 日《新民报》，刊《延安一月》出版信息

中国近现代新闻出版博物馆藏

1945 年 11 月 14 日《新民报》，
首刊毛泽东《沁园春·雪》
中国近现代新闻出版博物馆藏

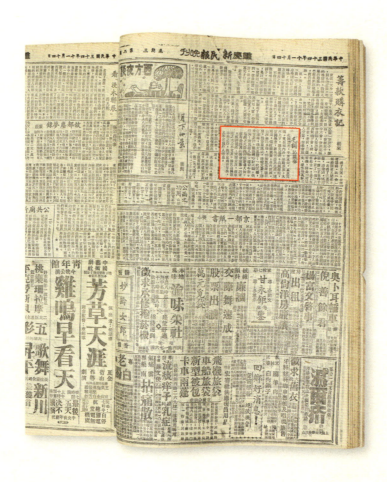

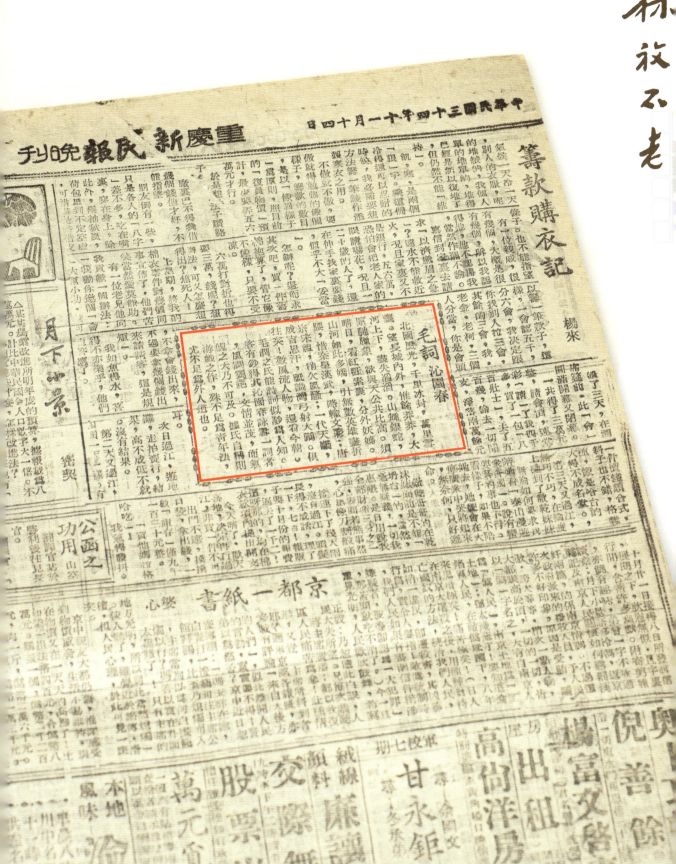

林放不老

籌款購衣記　楊來

毛詞　沁園春

北國風光，千里冰封，萬里雪飄。望長城內外，惟餘莽莽，大河上下，頓失滔滔。山舞銀蛇，原馳蠟象，欲與天公試比高。須晴日，看紅裝素裹，分外妖嬈。

江山如此多嬌，引無數英雄競折腰。惜秦皇漢武，略輸文采，唐宗宋祖，稍遜風騷。一代天驕，成吉思汗，只識彎弓射大雕。俱往矣，數風流人物，還看今朝。

此毛潤之沁園春詠雪一詞，似東坡、稼軒，又略似南唐後主。氣魄獨絕，風調獨絕，誠有數之作者。毛潤之能詩詞，似鮮爲人知，客有抄得其沁園春一詞者，風誦之餘，覺其氣魄之大乃不可及。據氏自稱則游戲之作，殊不足爲外人道也。尤不足爲青年法。

月下抽景

公函之功用　山空

京都一紙書

而去。你打不还手",他正

可左颊,再批你的右颊。那末,

道,说什么"打不还手"奖,究竟

是"扬善"而流于"扬恶",

势力的姑息和放纵●?不正是

和"配合吗?这些,并

并非提倡以眼还眼,以牙还牙。

分"   有理有利有节的

。最最要紧的是车队必须加

才是最积极的办法。倘使

就得!

设之"见义勇为"奖,以

己不手,挺身而"制服车霸"的

第

二

章

林放的杂文，是《新民晚报》的名片，也是旗帜。"未晚谈"，是我国新闻史上持续时间最长的一个杂文专栏。1982年1月1日《新民晚报》复刊以后，"未晚谈"再次成为赵超构先生的杂文专栏，一般刊于副刊"夜光杯"头条。复刊第一周，即发表6篇；第一个月，发了17篇；复刊10年，发了500多篇。最后一篇，是《说话和听话》，发表于1992年2月24日，在此前11天，赵超构先生逝世，此稿署"林放遗作"。赵超构先生真正是把一生献给了《新民晚报》的事业。在此，我们展示林放最后一批"未晚谈"手稿，弥足珍贵。

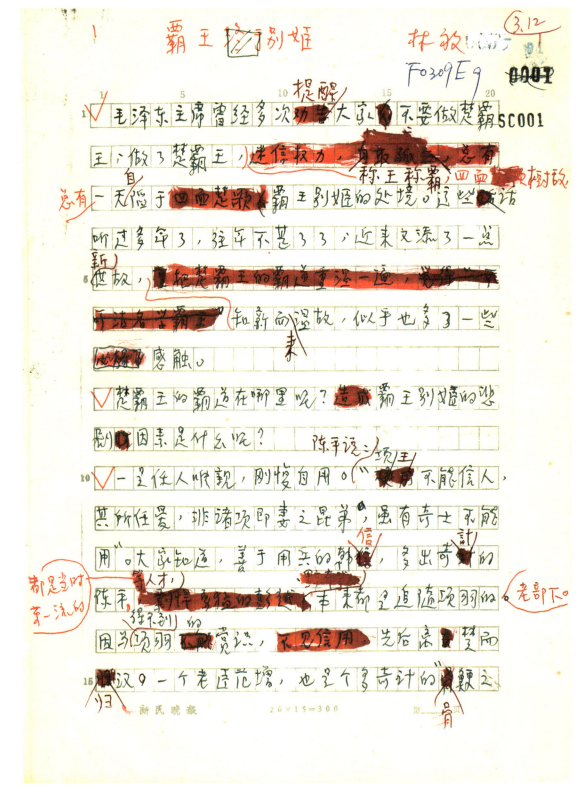

毛泽东主席曾经多次提醒大家不要做楚霸王；做了楚霸王，称王称霸，四面树敌，总有一天自陷于霸王别姬的处境。这些话听过多年了，往年不甚了了；近来又添了一点新世故，知新而来温故，似乎也多了一些感触。

楚霸王的霸道在哪里呢？霸王别姬的悲剧因素是什么呢？

一是任人唯亲，刚愎自用。陈平说："项王不能信人，其所任爱，非诸项即妻之昆弟，虽有奇士不能用。"大家知道，善于用兵的韩信，多出奇计的陈平，都是当时第一流的人才，本来都是追随项羽的老部下。因为得不到项羽的赏识，先后离楚而归汉。一个老臣范增，也是个多奇计的"骨鲠之臣"，也被霸王赶走了。包围在他身边的只能是那些唯唯诺诺的两面派，没有一个敢于直言的谋士。因此在决策的时候，接连地估错了形势，不断地下错了棋子。

二是嗜杀成性。且看，"项羽尝攻襄城，襄城无遗类，皆坑（活埋）之"；他占领了外黄这地方，就"悉令男子年十五已上诣城东，欲坑之"。当然，最失人心的是他"引兵西向屠咸阳，杀秦降王子婴，烧秦宫室，火三月不灭，收其妇女、货宝而东"。当时咸阳早已投降，完整地被占领了，有什么必要来这么一个三光政策，整整地烧了它三个月呢？

霸王的嗜杀还表现在屠杀战俘。秦军投降被俘后，"楚军夜击坑秦卒二十余万人"。楚霸王之所以大失人心，自陷于四面楚歌之境，不是理有必然的吗？

现代战争中有所谓"人质战术"，又称"人质盾牌"，这也是楚霸王最喜欢使用的恐怖手段。当时有个人叫王陵，是追随刘邦的，项羽便把他母亲抓来做人质，陵母引剑自杀了，项羽还把她烹掉。《史记》上描写得最生动的，是项羽欲烹刘邦的父亲那一幕。刘邦的父亲（太公）落在项羽手里，成了人质。项羽就在战阵上把太公放在割肉的砧板上，说，刘邦如果不投降，就要烹杀太公。从这件事看来，现代人质战术的老祖宗还该算到咱们的楚霸王了。这是泼皮牛二式的战术，哪有一点好汉的气概呢？

有人吊楚霸王说："生能白版为天子（没有印玺自做帝王），死剩乌江一美人。"这是出于对霸王的同情。但是为什么"其兴也勃焉，其亡也忽焉"呢？不就是因为他的霸道吗？不论他是大霸或小霸，东霸或西霸，也不论是古霸或今霸，凡为霸王，都脱逃不了"别姬"的命运。当时有个韩生就形容项羽是"沐猴而冠"，就被项羽烹杀了。心胸这样狭窄，怎能成什么大事呢？"沐猴而冠"倒是被韩生说中了，流传至今还是一句生动的成语。

（刊《新民晚报》1991年3月12日第6版）

《霸王别姬》手稿
上海市档案馆藏

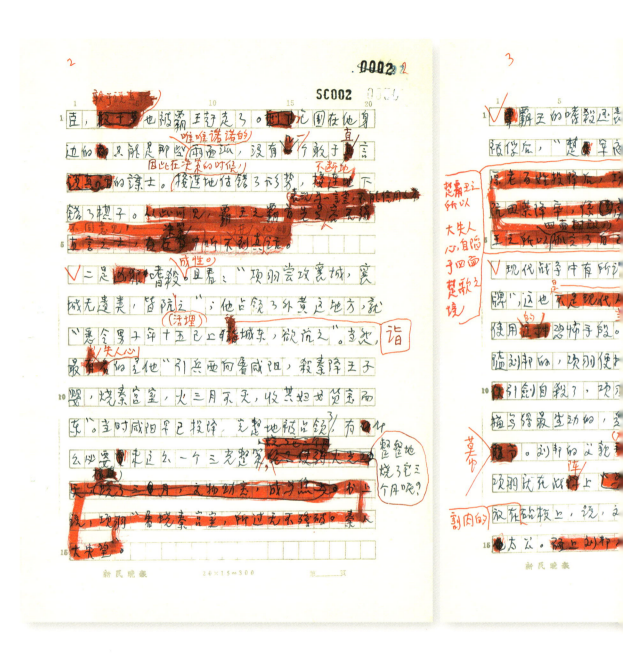

《霸王别姬》手稿

SC003（左页）

...杀战俘。秦军投降
...卒二十余万人"。
...城東齊城郭害皆□
...其老弱婦女□是霸
...理有少些的呢？
戰術"，又称"人質術
...楚霸王□最喜欢
...手王□□陵是追
...抓来做人质，陵母
...她烹掉。《史记》□
...次□刘邦的又说那一
...□刘邦于是，成了人质。
...刘邦的部□把太公
...不投降，就要烹杀
...流氓，毫不在乎這...

SC004（右页）

从这件事看来，以质战术的老祖宗还该算到咱们的楚霸王了。这是滚皮牛二的战术，哪有一点好汉的气概呢？

有人吊起霸王说：："生能自版为天子（没有印玺自做帝王），死剩乌江一美人"，这是出于对霸王的同情。但是为什么"其兴也勃焉，其亡也忽焉"呢？不就是因为他的霸道吗？不论他是大霸或小霸，东霸或西霸，也不论是古霸或今霸，凡为霸王都脱逃不了别姬的命运。当时有个韩生就□□□形容项羽是"沐猴而冠"，就被项羽煮杀了。心胸这样狭窄，怎能成什么大事呢？"沐猴而冠"倒是被韩生说中了，至今还是一句生动的语言。

流传
成
式

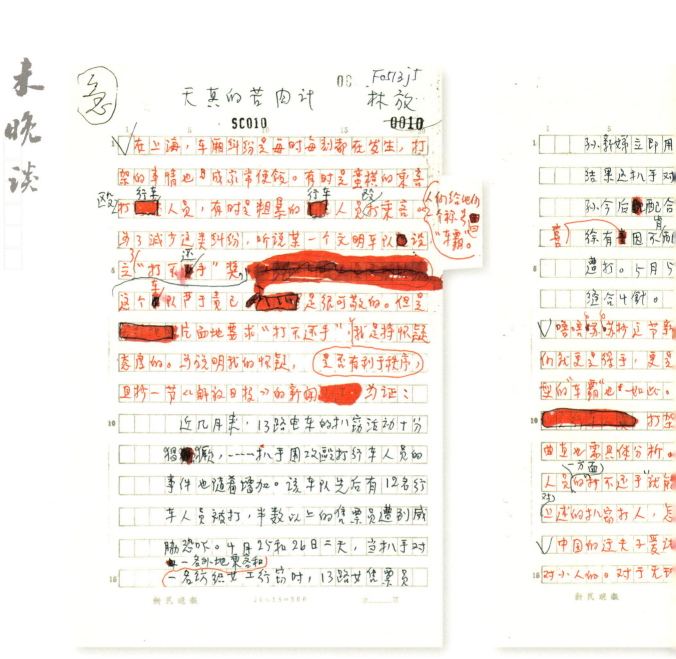

《天真的苦肉计》手稿

上海市档案馆藏

材放不老

SC011 (左栏)

若提醒乘客谨防失窃，
频遭打，并无理要求
前往113路男售票员
手行凶，曾连续十次
来遭殴打，仅眼部就

（括说明）
乐"打不还手"，扒窃
是放纵。
扒窃如此，其他美
各种各样的人
车霸，有
因多种多样，总是非
之，不可能由于
行车
为正常的。例如，

但难道是对君子不
果徒"车霸"，你如 果

00　　　第　　页

SC012 (右栏)

设身处地替他们着想，则顶好是勾栏勾浮，让
他们（威）风凛凛地扬长而去。你打不还手"他正
中下怀，打了你的左颊，再批你的右颊。那来，
跟这些车霸讲什么道理，说什么打不还手"是，完遂
奖励了就吧？由"勿扰攘"而流于"勿扰恶"，
岂不是对于邪恶势力的姑息和放纵？不正是
扒窃集团伙所要的（求）"配合吗？要然，我（团）
并非提倡以眼还眼，以牙还牙。
我赞成"有理让三分"，有理有利有节的
　　　　　最最要紧的是车队必须加
强法，纪调制裁（就得）才是最积极的办法。倘使
要没之什么奖，设之"见义（为）"奖，以
的表彰那些路见不平，挺身而（团）制股"车霸"的
侠客义士才好。

但也要
容许

新民晚报　　　　　20×15=300　　第　　页

天真的苦肉计

林放

　　在上海，车厢纠纷是每时每刻都在发生，打架的事情也成家常便饭。有时是蛮横的乘客殴打行车人员，有时是粗暴的行车人员殴打乘客。人们给他们一个称号曰"车霸"。为了减少这类纠纷，听说某一个文明车队设立了"打不还手"奖，这个车队严于责己是很可敬的。但是片面地要求"打不还手"，是否有利于秩序，我是持怀疑态度的。为说明我的怀疑，且抄一节《解放日报》的新闻为证：

　　近几月来，13路电车的扒窃活动十分猖獗，……扒手围攻殴打行车人员的事件也随着增加。该车队先后有12名行车人员被打，半数以上的售票员遭到威胁恐吓。4月25和26日二天，当扒手对一名外地乘客和一名纺织女工行窃时，13路女售票员孙新娣立即用普通话提醒乘客谨防失窃，结果这扒手对孙一顿毒打，并无理要求孙今后配合他们偷窃。13路男售票员徐有喜因不肯配合扒手行窃，曾连续4次遭打。5月5日，徐遭殴打，仅眼部就缝合4针。

　　噜噜苏苏抄这节新闻，只是想说明，你"打不还手"，扒窃们就更是得手，更是得意，更是放肆。扒窃如此，其他类型的"车霸"也如此。这些车霸，有各种各样的人，打架的原因多种多样，其是非曲直也需具体分析。但总之，不可能由于行车人员一方面的"打不还手"就能化干戈为玉帛的。例如，对上述的扒窃打人，怎么办？

　　中国的迂夫子爱讲恕道，但恕道是对君子不对小人的。对于无理打人的暴徒、"车霸"，你如果设身处地替他们着想，则顶好是勿捕勿罚，让他们威风凛凛地扬长而去。你"打不还手"，他正中下怀；打了你的左颊，再批你的右颊。那末，跟这些车霸讲恕道，设立什么"打不还手"奖，究竟奖励了谁呢？由"勿抗暴"而流于"勿抗恶"，岂不是对于邪恶势力的姑息和放纵？不正是扒窃团伙所要求的"配合"吗？当然，我并非提倡以眼还眼，以牙还牙。我赞成"有理让三分"，但也要容许有理有利有节的"还手"。最最要紧的是车队必须加强法纪的力量以制裁车霸，这才是最积极的办法。倘使要设立什么奖，就得设立"见义勇为"奖，以表彰那些路见不平、挺身而斗、制服"车霸"的侠客义士才好。

　　（刊《新民晚报》1991年5月16日第6版）

林放

SC013

——本《毛泽东的读书生活》中——

据说，毛泽东主席对《西游记》颇为赞赏。他曾对《西游记》第二十八回一段文字写了一节评语说：

"'千日行善，善犹不足；一日行恶，恶常有余。'乡愿思想也。孙悟空的思想与此相反，他是不信这些的，即是说作者承恩不信这些。他的行善即是除恶。他的除恶即是行善。"

《西游记》第二十八回，就是孙悟空三打白骨精的一回。由于唐僧是肉眼凡胎，不能识别白骨精的真面目，责怪孙悟空三打白骨精，因而说了"千日行善，善犹不足；一日行恶，恶常有余"这几句话，并写了贬书，断绝师徒关系，把孙悟空赶走了。

唐僧是个糊涂虫。他属于"人妖颠倒是非

《〈西游记〉第28回》手稿
上海市档案馆藏

31

《西游记》第28回

林放

据一本《毛泽东的读书生活》中说，毛泽东主席对《西游记》颇为赞赏。他曾对《西游记》第二十八回写了一节评语说：

"千日行善，善犹不足；一日行恶，恶常有余。"乡愿思想也。孙悟空的思想与此相反，他是不信这些的，即是说作者吴承恩不信这些。他的行善即是除恶。他的除恶即是行善。

《西游记》第二十八回，就是孙悟空三打白骨精的下一回。由于唐僧是肉眼凡胎，不能识别白骨精，责怪孙悟空的"三打"，因而说了"千日行善，善犹不足；一日行恶，恶常有余"这几句话来教训孙悟空，并且立了贬书，断绝师徒关系，把孙悟空赶走了。

唐僧是个属于"人妖颠倒是非淆"的糊涂虫，把孙悟空的"三打"看作是行恶，而对妖精讲慈悲却算是"行善"。孙悟空的看法跟唐僧恰恰相反。他打白骨精是为了除恶，他的除恶就是行善。一部《西游记》，唐僧师徒经历九九八十一难，妖魔遍野，鬼蜮成灾，就靠着孙悟空这个"金猴奋起千钧棒"，穿古洞，入深林，擒魔捉怪，直到西天。他是一路除恶，一路行善。反过来说，孙悟空的行善就在于除恶务尽，毫不手软。吴承恩写《西游记》，就用他的机智、幽默的笔调写出了这个善恶分明，写出了除恶与行善的血肉联系。正如有些佛徒所说的"破邪显正"，破了邪念便能悟得正道。

一部《西游记》，如果没有孙悟空在一路上擒妖捉怪的事迹，单写唐僧这个白胖和尚，双手合十，"阿弥陀佛"，"善哉善哉"，能够写得成这样一部伟大的古典名著吗？"一从大地起风雷，便有精生白骨堆。"你想隐恶扬善，写一部全是正面人物的、没有反派角色的小说，是很难写得成功的。

毛主席说唐僧的思想是"乡愿思想"。什么叫做"乡愿"？孔圣人说，"乡愿德之贼也"，是败坏道德的人。孟子也说，乡愿是八面玲珑、四方讨好，表面上无可指摘，好像方正老实，却是与世同流合污的人。像唐僧那样害怕除害而空谈"行善"，就可以说是这样的人吧。

（刊《新民晚报》1991 年 5 月 20 日第 6 版）

，把孙悟空打白骨精看作是行恶，

~~而对妖精讲慈悲~~而对白骨精讲慈悲，

而对妖精讲慈悲却算是行善。孙

唐僧相反。他打白骨精是为了除恶

就是行善。一部《西游记》，唐僧

八十一难，历尽妖魔遍野，鬼城

孙悟空这个"金猴奋起千钧棒"，

林，擒魔捉怪，直到西天。他是

路行善。反过来说，孙悟空的行善

竟不手软。是不是写《西游记》，

行善恶分吗，写出了除恶的行善

正如有些佛徒所说的帮邪是正

悟得正道。

记》，如果没有孙悟空的一路上

写唐僧这个白胖和尚，双手合

十，"阿弥陀佛！""善哉善哉"，能够写得成

这样一部古典文学吗？不可能的，因为这个

~~结果~~"一人大地起风雷，便有精生白骨

堆""你想除恶搞善，到除恶，要写唐僧的

慈悲就是不会坐塌的真实的写一部全是正面

人物的小说是很难很很写得成功的。

√ 毛主席说唐僧的思想是"乡愿思想"。什么叫

做乡愿呢？孔圣人说，"乡愿德之贼也"，孟子也

说，乡愿是不会可指摘，好象方正老实，

却是与世同流合污的人。要今天的话说，乡愿

像唐僧那样除恶和空搞行善

就可以说是伪善子吧。

这样的人吧。

33

"恋栈"与"伏枥"

林放

读到一篇访问某一位老作家的记事，用了"恋栈伏枥"四字来赞扬杨这位老作家的老而益壮。这当然是一起有趣的笔误。老骥伏枥·志在千里，是曹孟德的名句，历来用以称颂老年人的壮心不已，这是不错的。至于"恋栈"指的是驽马恋栈豆，比喻庸人目光短浅，贪恋名位。这是三国时有人讽说曹爽的的评语。曹爽是个胸无大志的人，终为司马懿所灭。用这个典故来称颂老作家，未免失敬了。

但是回过头来想一想，"恋栈"和"伏枥"究竟如何区别，却也很难说得清。人一老，即使是千里马也成驽马了。志在千里，也不免心有余而力不足。"老骥伏枥，虽未歇于壮心；逆风撑船，终不离于旧处"，古时陆放翁就发过这样的感慨了，跟驽马恋栈有什么两样呢？

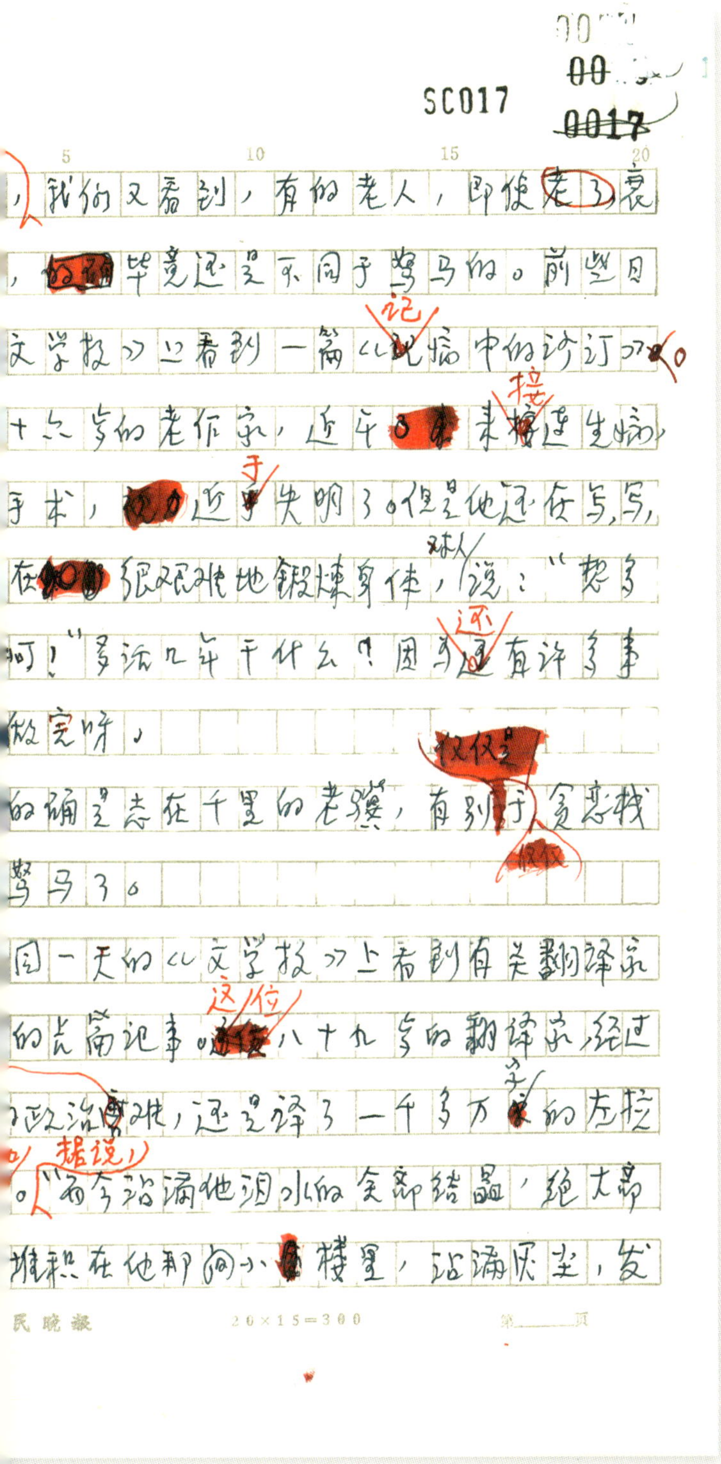

，我们又看到，有的老人，即使走了衰

，的确毕竟还是不同于驽马的。前些日

文学报上看到一篇以旧稿中的诊订记

十六岁的老作家，近乎来接连生病

手术，视力近于失明了。但是他还在写写，

在狠狠地锻炼身体，说："趁着

啊！"多活几年干什么？因为还有许多事

做完呀，

的确是志在千里的老骥，有别于仅仅之恋栈

驽马了。

同一天的以文学报上看到有关翻译家

的片断记事。这位八十九岁的翻译家，经过

政治再难，还是译了一千多万字的左拉

。有着沾满他泪水的全部结晶，绝大部分

堆积在他那间小阁楼里，沾满灰尘，发

《"恋栈"与"伏枥"》手稿

上海市档案馆藏

林 莜 不 老

黄灾质。老人已经神智不清了。但是记者向他提起左拉，他昏暗的眼睛里闪出光亮，潸然泪下。一个行将就木的老人，仍不能忘情于他所钟爱的翻译事业，这难道不是烈士暮年壮心不已的写照吗。可惜，这是一件悲剧性的文坛毁誉参半。有句话说"哀莫大于心不死"。这位毕修勺老人对他的翻译事业就是死不甘心，说不定要见笑于贪恋栈豆的驽马的。

孔子说过："骥，不称其力，称其德也"。是驽马还是老骥，首先在品德上衡量。正如我们所见的，有的老人活到一百岁了，还申请参加共产党；有的老人趁他还健在的时候，就把他毕生珍藏的文物、书画和藏书，捐献给社会。这些老人的志趣，难道是可以用马槽里的几斗豆子来衡量称的吗？这样说来，"恋栈"的"伏枥"毕竟是有别的，不可以混为一谈的。

读到一篇访问某作家的记事，用了"恋栈伏枥"四字来赞扬这位作家的老而益壮。这当然是一起有趣的笔误。"老骥伏枥，志在千里"，是曹孟德的名句，历来用以称颂老年人的壮心不已，这是不错的。至于"恋栈"，指的是"驽马恋栈豆"，比喻目光短浅，贪恋名位。这是三国时有人对曹爽的评语。曹爽是个胸无大志的纨绔子弟，终被司马懿所灭。用这个典故来称颂老作家，未免失敬了。

可是回过头来想一想，"恋栈"与"伏枥"，究竟如何辨别，却也很难说得清。人一老，即使是千里马也成驽马了。就说"志在千里"，也不免心有余而力不足。"老骥伏枥，虽未歇于壮心；逆风撑船，终不离于旧处"，古时陆放翁就发过这样的感慨了。这跟驽马恋栈有什么两样呢？

但是，再想一想，我们又看到，有的老人，即使衰弱不堪，毕竟还是不同于驽马的。前些日子在《文学报》上看到一篇《记病中的沙汀》。这位八十六岁的老作家，近年来接连生病，做了几次手术，近于失明了。但是他还在写，写，写，还在很艰难地锻炼身体，对人说："想多活几年呵！"多活几年干什么？因为还有许多事情没有做完呀。

这就的确是志在千里的老骥，有别于贪恋栈豆的驽马了。

又在同一天的《文学报》上看到有关翻译家毕修勺的长篇记（纪）事。这位八十九岁的翻译家，经过几十年的政治劫难，还是译了一千多万字的左拉的作品。据说，"而今沾满他泪水的全部结晶，绝大部分依然堆积在他那间小楼里，沾满灰尘，发黄变质。老人已经神志不清了。但是记者向他提起左拉，他昏暗的眼睛却闪出光亮，潸然泪下"。一个行将就木的老人，仍不能忘情于他所钟爱的翻译事业，这难道不是烈士暮年、壮心不已的写照吗？可惜，这是一件悲剧性的文坛插曲。聂绀弩有警句说"哀莫大于心不死"。这位毕修勺老人对他的翻译事业就是死不甘心，说不定要见笑于贪恋栈豆的驽马的。

孔子说过："骥，不称其力，称其德也"。是驽马还是老骥，首先要在品德上去衡量。正如我们所见的，有的老人活到整整一百岁了，还申请参加共产党；有的老人趁他还健在的时候，就把他毕生珍藏的文物书画和藏书，捐献给社会。这些老人的志趣，难道是可以用马槽里的几斗豆子来称量的吗？这样说来，"恋栈"与"伏枥"毕竟是两回事，不可以混为一谈的。

（刊《新民晚报》1991年5月24日第6版）

这里焚化过一条狗

林放

精神文明之不可忽视，从下面一事可以取证。

据说，海南岛文昌县（今为文昌市）火葬场是1978年竣工的，但是开炉之后，至今仅火化过一只狗。

当时造这个火葬场，花了十多万元。炼尸炉，吊唁厅，化妆室，停尸间，运尸车，应有尽有。还派了一位资深的老干部任场长。开炉后，牵来一条狗试炉，效果很好。

但是从此以后，就从来没有升过火。这位老场长"仙逝"时，也留下遗书，说万万不可将他的遗体交火葬场火化，怕的是火葬"不吉利"。

这所火葬场早已散伙了。与文昌县火葬场的兴建同时，海南省共建了十一个火葬场，现在只留下三个。其余的都已闲场报废。土葬流行，火葬无人。这是一个什么问题呢？

这就是一个移风易俗的问题。就我们的国情而论，火葬远比土葬进步，这是用不着说的了。可是偏偏有许多人跟那位老场长抱着同样的"人死观"，认为火葬"不吉利"，"万万不可火葬"。死后还要占去活人的一块土地。这是多么可叹的现象呀！

从此也可见到，虽然物质的方面抓上去了，如果精神生活跟不上去，好的事情也会半途而废。推而广之看一看，近几年来，较普遍的现象是伴随着物质生活的提高，有些沉渣却在重新泛起。往往是物质文明最先进的地方出现了最落后、最丑恶的现象。暴发户发了横财便大筑坟山，重修庙宇；豪华的摩天楼里出现了陪酒女郎以至卖淫嫖娼。迷信行业应运而起。有的人花钱烧了纸扎的彩电、轿车不算，还要焚烧纸扎的金童玉女，做他死后的僮仆和婢女。他们的身躯活在20世纪，精神还留在12世纪。岂不怪哉！

好心的文昌县人办了一个很好的火葬场，仅仅焚化过一条狗，太讽刺了，光看物质，不谈精神，行吗？

（刊《新民晚报》1991年6月10日第6版）

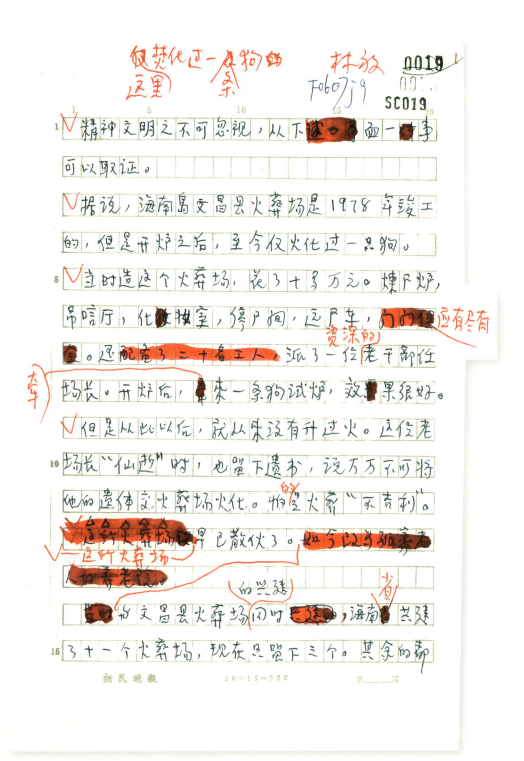

《这里焚化过一条狗》手稿

上海市档案馆藏

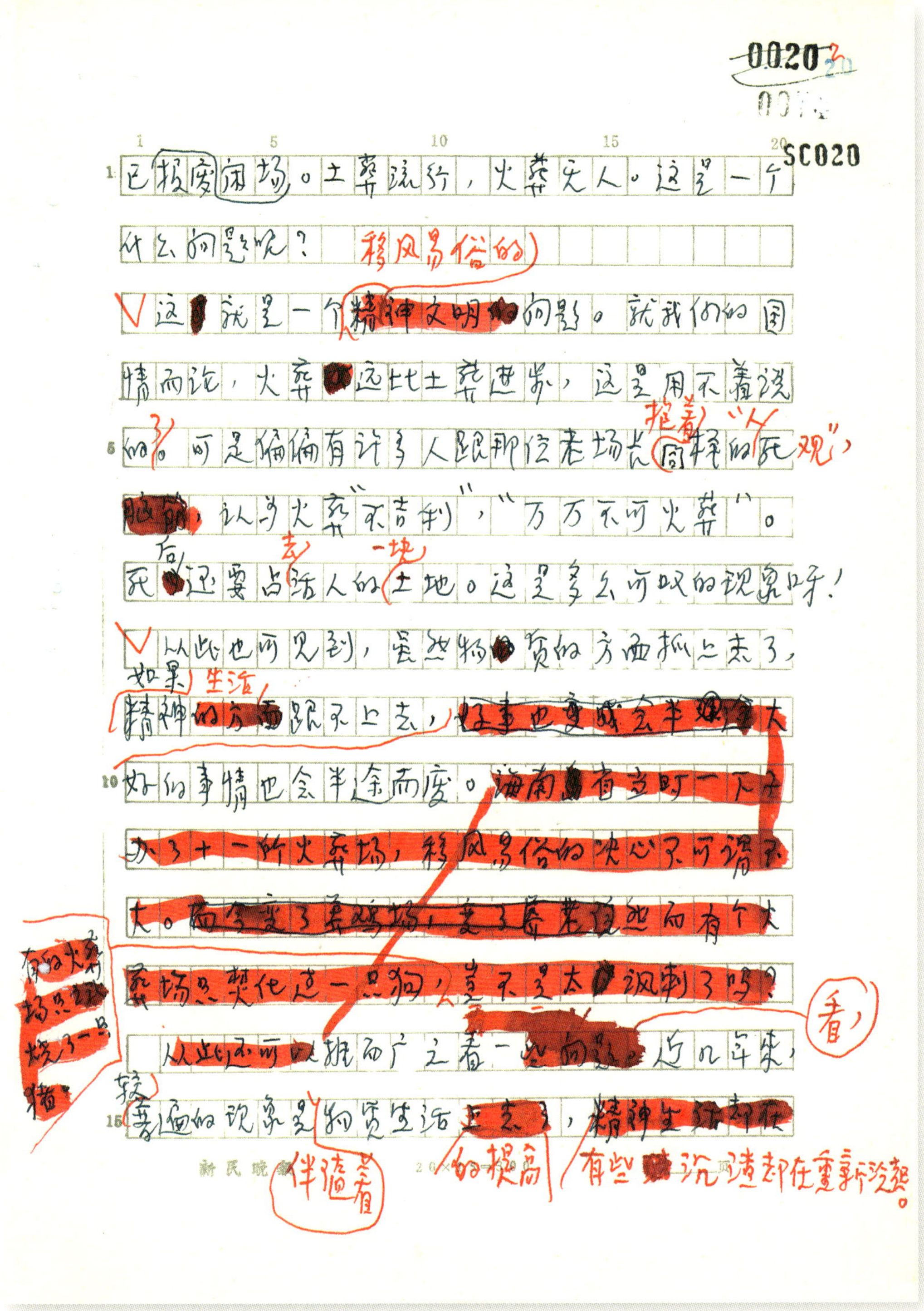

未晚谈

1 5 10 15 20

已极废闲场。土葬流行，火葬无人。这是一个

什么问题呢？ 移风易俗的

这就是一个精神文明的向影。就我们的国

情而论，火葬远比土葬进步，这是用不着谈

的。可是偏偏有许多人跟那位老场长同样的民观

的，认为火葬"不吉利"，"万万不可火葬"。

有还要占活人的土地。这是多么可叹的现象呀！

从此也可见到，虽然物质的方面抓上去了，如果生活

精神的方面跟不上去，好事也变成半截，大

好的事情也会半途而废。海南有个町一下子

办了十一所火葬场，移风易俗的决心不可谓不

大。而今变了葬鸡场，要了精力地而有个大

葬场总焚化过一点狗，岂不是太讽刺了吗？ 看

从此也可以推而广之看一些向题。近几年来，

的火葬场总焚化过一点狗

伴随着 的提高 有些 沉渣却在重新泛起。

新民晚报

《这里焚化过一条狗》手稿

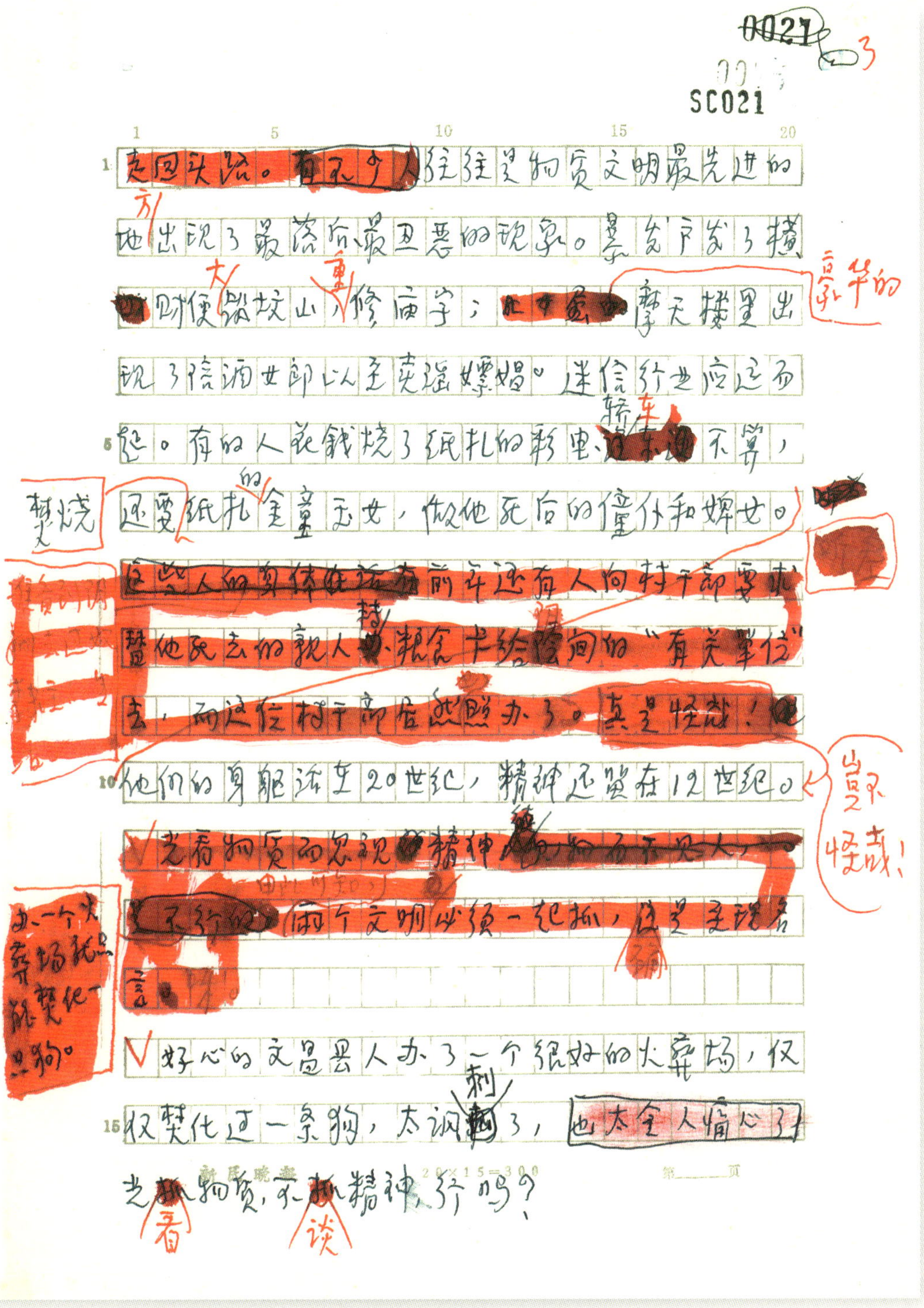

走向反面。有不少人往往在物质文明最先进的地方出现了最落后最丑恶的现象。暴发户发了横财使盗坟山，修庙宇；摩天楼里出 （豪华的）现了陰涓女郎以至卖淫嫖娼。迷信行业应运而起。有的人花钱烧了纸扎的彩电、汽车不等，焚烧 还要纸扎金童玉女，做他死后的僮仆和婢女。

这些人的身体在现在，前年还有人向村干部要求登他死去的亲人，粮食卡给陰间的"有关单位"去，而这位村干部也糊里糊涂办了。真是怪事！

他们的身躯活在20世纪，精神还留在12世纪。

光看物质而忽视精神……

不行 两个文明必须一起抓，这是走捷径

好心的文昌县人办了一个很好的火葬场，仅收焚化过一条狗，太讽刺了，也太令人痛心了

光抓物质，不抓精神行吗？

华君武为什么不画这幅画？

据《联合时报》的消息，最近，李赣骝等一些民主人士，就一些以当代和现代为题材的文艺作品中，随意褒害民主人士形象和基本内容失实的现象提出批评。

消息中还提到两部电视连续剧为例，一部是《昙花梦》，一部是《天天风云录》，都损害了某两位民主人士的形象。

文艺作品是塑造还是排的。独自虚构，那当然没有问题。你要说这是写历史，或所谓"纪实文学"，那么被写的人我要认真跟你计较，这一点是应当考虑到的。这两部电视剧是要真的塑造了某些民主人士的形象。且得分解，就厚则讲，李赣骝几位的意见，是值得注意的。作家之笔，也系法官的笔一样，如果歪曲了某些真人真事的形象，也会造成文墨冤案的。

凡是创作现代题材的文艺，作者也得熟悉些一点的历史知识，以为妙。

人士，他们来自五湖四海，走过通过亲身的体验，殊途同归于共产党革命事业作出各自的贡献。

有句话说，"海纳百川，有容乃大"。下面的民主人士，受到社会的……了中国共产党的"有容乃大"。

还得到漫画家华君武的一件事。现在不少单位都成了"九三学社"，上午九点上班，下午三点下班，有华把这个题材画成漫画。华君武说，怕三学社同志的误会，以为我在讽刺民主党派。我是共产党员，就不能不多想一想。

漫画好采是最……的了，画的漫画也不是透过……不讲政策的。华君武的漫画是最……的了，但是他没有忘记他的党员身份，没有忘记作品的政策。说是漫画，不仅可以虚构，而且应当夸张，但是也有……的一面。……所以损害政……华君武为什么不画这幅"九三学社"的漫画？值得那些……的作"纪实文学"的作者参考，下笔时要"多想一想"才好。

《华君武为什么不画这幅画？》手稿

上海市档案馆藏

华君武为什么不画这幅画？

林放

据《联合时报》的消息，最近，李赣驹等一些民主人士，就一些文艺作品中随意损害民主人士形象的现象提出批评。

消息中还提到《昙花梦》等电视连续剧为例，说是损害了某两位民主人士的形象。

文艺作品是容易惹起是非的。纯属虚构，那当然没有问题，既然你说是写真实历史，或所谓"纪实文学"，那么，被写的人就要认真跟你计较，这一点是应当考虑到的。这些电视剧是否真的歪曲了某些民主人士的形象，且待分解；就原则讲，李赣驹几位的意见，是值得注意的。作家之笔，也像法官的笔一样，如果歪曲了某些真人真事的形象，也会造成文墨冤案的。

说到民主人士，他们来自五湖四海，走过艰难曲折的道路，通过亲身实践的体验，追求真理，殊途同归于共产党的领导，为革命事业作出各自的贡献，这是很可敬的。有句话说，"海纳百川，有容乃大"。活跃在共产党领导下的民主人士，受到社会尊重，正说明了中国共产党的"有容乃大"。凡是创作现代题材的文艺，作者也得熟悉熟悉这点统战知识为妙。

最近在报上还看到漫画家华君武的一件事。有人告诉华君武：现在不少单位都成了"九三学社"——上午九点上班，下午三点下班。问华君武能不能把这个题材画成漫画，讽刺一下。华君武说："这个题材恐怕会引起九三学社同志的误会，以为我在讽刺民主党派。我是共产党员，就不能不多想一想。"

漫画好像是最漫不经心的了，然而漫画也不是漫无边际，也不可以不讲政策的。华君武的漫画是最"漫"的了，但是他没有忘记他的党员身份，没有忽视作品的政策性。说是漫画，不仅可以虚构，而且应当夸张，但是也有不漫的一面。华君武为什么不画这幅《九三学社》的漫画？值得那些创作"纪实文学"的作者思索参考，下笔时要"多想一想"才好。

（刊《新民晚报》1991年6月18日第6版，刊载时有改动）

未晚谈

《昙花梦》和《天字号风云录》

据《联合时报》的消息，最近，李赣驹、森泰等一些民主人士，就一些以近代和现代历史为题材的文艺作品中任意损害民主人士形象和基本内容失实的现象提出批评。

消息中还提到两部电视连续剧为例，一部据说是做《昙花梦》，一部是《天字号风云录》，都损害了某两位民主人士的形象。

文艺作品是容易惹起是非的。纯是虚构，那当然没有问题；你却说是写历史，或所谓"纪实文学"，那么被写的人就要认真跟你较，这一点是应当考虑到的。这两部电视剧是歪曲的真的歪曲了某些民主人士的形象，且待分析；就原则讲，李赣驹几位的意见，是值得真注意的。作家之笔，也象法官的笔一样，如果歪曲了某些真人真事的形象，也会造成文墨冤案的。

44

凡是创作现代题材的文艺，作者也得熟悉熟悉这一点统战知识才为妙。

√ 说到民主人士，他们来自五湖四海，走过曲折的道路，通过亲身的体验，殊途同归于共产党的领导，为革命事业作出各自的贡献，值得尊敬。有句话说，"海纳百川，有容乃大"。共产党领导下出现的民主人士，受到袄金的尊重，正说明了中国共产党的"有容乃大"。

√ 最近在报上看到漫画家华君武的一件事。有人告诉华君武：现在不少单位都成了"九三学社"——上午九点上班，下午三点下班。问华君武能不能把这个题材画成漫画。华君武说，"这个题材恐怕九三学社的同志会误会，以为我在讽刺民主党派。我是共产党员，就不能不多想一想"。

√ 漫画好象是最随便的了，然而漫画也不是随便乱画，不讲政策的。华君武的漫画是最棒的了，但是他没有忘记他的党员身份，没有忽视作品的政治效果。说是漫画，不仅可以虚构，而且应当夸张，但是也有严肃的一面，是不可以损害政治效果。华君武为什么不画这幅"九三学社"的漫画？值得那些从事创作"纪实文学"的作者参考，下笔时要"多想一想"才好。

45

也谈『水分』

林放

报上有篇《咬文嚼字》，谈到语文中的"水分"问题，引用了文学巨匠老舍先生的话。据说，这位文学巨匠曾说过"头上戴着""手里拿着"中的"头上""手里"都是不必要的。如果咬文嚼字起来，这就是"水分"了。

老舍先生在什么情况下说这个话，我不知道。老舍先生自己的文字，是那么鲜明生动，精美绝伦，真无愧于语言大师的称号。但是这里谈到"头上""手里"都是不必要的，则不一定是真确的定论。

你如不信，我可以抄一二条"头上""手里"为例：

只见……一个丽人从后房进来，这个人……恍若神仙妃子，头上戴着金丝八宝攒珠髻，……项上戴着赤金盘螭璎珞圈，身上穿着缕金百蝶穿花大红云缎窄裉袄……

这是什么人，这就是贾府里有名的辣货王熙凤。林黛玉初进贾府，对每一个初见面的人都有一番仔细的观察，因此就从头上、项上看到身上，以至裙子。这种评头品足的描写是合乎实情的。在看到凤姐之后，林姑娘又初见贾宝玉，这又是一个重点人物，只见宝玉"头上戴着束发嵌玉紫金冠，齐眉勒着二龙戏珠金抹额……项上金螭璎珞，又有一根五色丝绦，系着一块美玉"。所有这些"头上""身上""项上"的描写，并不觉得文字上有什么累赘，总不能说曹雪芹笔下的水分太多吧。

再举《西游记》第四回一段为例，那是形容孙悟空这位美猴王的，有诗为证：

身穿金甲亮堂堂，头戴金冠光映映。

手举金箍棒一根，足踏云鞋皆相称。

这是齐天大圣第一次亮相，所以也从"头上""手上""足上""身上"依次描写，读来并不觉得是水分。

话虽如此，我对于《咬文嚼字》的批评水分还是十分同感的。我以为现在文字上的水分倒不在于某句话里多了一二个字，而在于有的文章是整段整段的空话和套话，许多是可以压缩的。对于这种水分，不能纯从修辞学的角度来纠正，而应当提到文风和学风问题上来对待才好。

（刊《新民晚报》1991 年 6 月 30 日第 6 版）

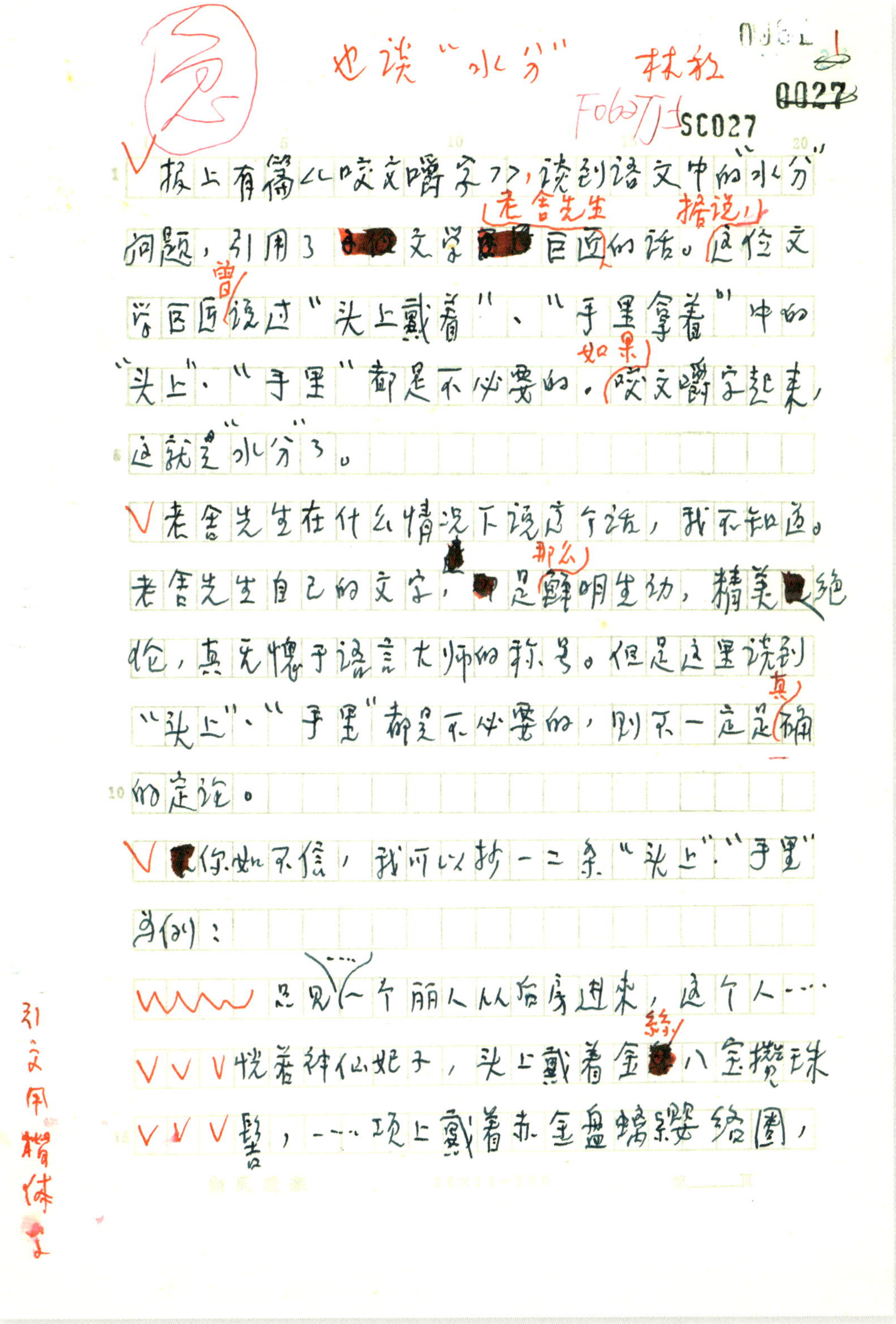

也谈"水分"　林放

报上有篇儿咬文嚼字》，谈到语文中的"水分"问题，引用了 老舍先生 文学 巨匠的话。这位文学巨匠曾说过"头上戴着"、"手里拿着"中的"头上"、"手里"都是不必要的。如果咬文嚼字起来，这就是"水分"了。

老舍先生在什么情况下说这个话，我不知道。老舍先生自己的文字，那么 是鲜明生动，精美绝伦，真无愧于语言大师的称号。但是这里说到"头上"、"手里"都是不必要的，则不一定是真确的定论。

你如不信，我可以抄一二条"头上"、"手里"为例：

只见一个丽人从后房进来，这个人……穿着种种仙妃子，头上戴着金丝八宝攒珠髻，……项上戴着赤金盘螭璎珞圈，

引文用楷体

《也谈"水分"》手稿
上海市档案馆藏

林放不老

47

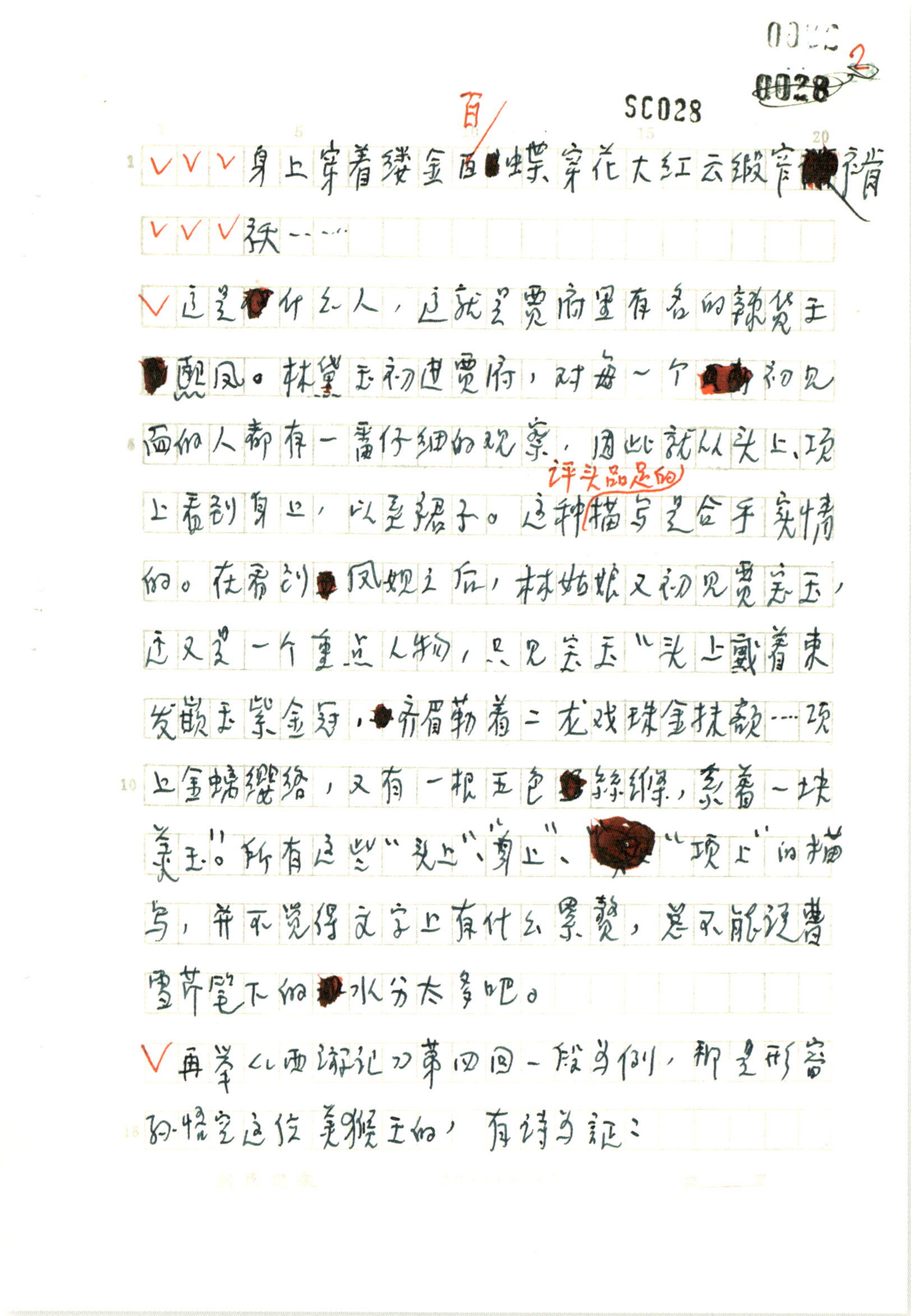

……身上穿着缕金百蝶穿花大红云缎窄褃袄……

这是个什么人，这就是贾府里有名的辣货王熙凤。林黛玉初进贾府，对每一个初次见面的人都有一番仔细的观察，因此就从头上、项上看到身上，以是裙子。这种描写是合乎实情的。在看到凤姐之后，林姑娘又初见贾宝玉，这又是一个重点人物，只见宝玉"头上戴着束发嵌宝紫金冠，齐眉勒着二龙戏珠金抹额……项上金螭璎珞，又有一根五色丝绦，系着一块美玉。"所有这些"头上"、"身上"、"项上"的描写，并不觉得文字上有什么累赘，是不能说曹雪芹笔下的水分太多吧。

再举《西游记》第四回一段为例，那是形容孙悟空这位美猴王的，有诗为证：

《也谈"水分"》手稿

身穿金甲亮堂堂，头戴金冠光映映。

手举金箍棒一根，足踏云鞋皆相称。

这是齐天大圣第一次亮相，所以也从头上、手上、"足上"、"身上"依次描写，不觉得是水分。

话虽如此，我对于"咬文嚼字"的批评水分还是十分同意的。我以为现在文字上的水分不在于一二个字，而在于有的文章是整段整段的空话和套话，可以压缩的。对于这种水分，不能纯从修辞学的角度来纠正，而应当提到文风问题和学风的高度对待。

杜甫写『特写』

林放

现在特写体裁的新闻报道甚是流行。最近就听到几位办报的朋友谈论特写的写作问题，也引起一点感想。不过，我这点感想近乎奇谈怪论，未必合乎新闻学教科书，说起来是要贻笑大方的。

我的意思是，"特写"这种报道体裁，并不是有了报刊之后才出现的，这本来是文章的一种旧体裁，不论中外都是古已有之的。

咱们祖国有位大诗翁，就是杜甫，人称诗圣。他就写了不少有韵的新闻特写。不妨举他的《石壕吏》一诗为例。

凡是讲新闻，总要讲新闻的六个基本要素。每一篇报道都必须包含何人、何事、何时、何地、为何发生，以及如何发生。《石壕吏》一诗只有一百二十个字，却是很完美地包含了这六个要素。"暮投石壕村，有吏夜捉人"，十个字便点明了时间、地点、人物、事件，深更半夜里拉壮丁。以下便写出了那个兵荒马乱的年代，驱尽壮丁乃至于老弱的惨状。且看诗中所述三男戍、二男死、孙方乳、媳无裙、翁逾墙，丁男俱尽，只好把老妇人也抓了去"应役"。这事件是"为何发生"以及"如何发生"的？在这一百二十个字的诗里都有了生动的描绘。这是完全合乎新闻报道的规格的。

《石壕吏》一诗，不仅可以作为特写体裁来赏析，它也教给我们一些特写创作的知识。

首先是，特写的作者一定要对所写的事件、人物带有充沛的感情。诗圣杜甫就是带着对人民疾苦的满腔同情，才能写出《三吏》《三别》等名篇的。不能想象一个缺乏敏感，无动于衷的人能写好特写。

其次是，既称特写，就要突出现场细节，要让读者亲临其境。《石壕吏》的首尾故事都是作者耳闻目睹的。"老翁逾墙走，老妇出门看"，叙拉夫的急迫；"吏呼一何怒，妇啼一何苦"，特写环境气氛之紧张。以下便是老太婆的哭诉，直至"夜久语声绝，如闻泣幽咽"，都是现场细节，说明了事件"如何发生"。写不出现场的特写，成功率是很低的。

最后还有一条，写特写一定要学会白描的笔法。《石壕吏》的作者带着深厚的同情记录了老妇人的哭诉，但是他本人尽量控制着自己，不在这首特写中发泄个人的议论，不依靠浮华的辞藻来渲染。有人评论司马迁的《史记》说："善于在叙事中寓论断。"《石壕吏》以及杜甫的其他叙事诗，也多以事实说明问题，让读者自己去领会其中的喜怒哀乐，所用词句都是明白如话。这种白描的本领，也可以说是写好新闻特写的诀窍之一吧。而这一点却正是时下的大小特写所最缺少的功夫。

（刊《新民晚报》1991年9月30日第6版）

现在特写体裁的新闻报道甚是流行，最近听到几位办报的朋友谈论特写的写作问题，也引起一点感想。不过，我这点感想近于奇谈怪论，未必合于新闻学的道理，说出来反会贻笑大方的。（未必合于新闻学教科书）

我的意思是，"特写这种报道体裁，并不是有了报刊之后（有了中外报纸比看）才出现的。它也不是舶来品，从西方新闻学中的宝库中搬出来的。这本来是文章的一种体裁，不论中外都是古已有之的。

咱们祖国有位大诗翁，就是杜甫，人称诗圣。他就写了不少新闻特写的诗歌，可以说是有韵的新闻特写。不妨举他的《石壕吏》一诗为例。尤其讲新闻，都要讲新闻的几个基本要素，每一段都必须包含何人？何事？何地？何时？为何发生？以及如何发生？《石壕吏》一诗只有一百

《杜甫写"特写"》手稿

上海市档案馆藏

SC046

二十个字，却是很完美地解答了这六个要素。"暮投石壕村，有吏夜捉人"，十个字便点明了时间、地点、人物、事件，深更丰夜里捉壮丁。以下便写出了那兵荒马乱的年代，驱尽壮丁及于老弱，把一个老翁翁也拉了去。应缴的惊恐状……三男戍，二男死，幼方乳，娘无裙，翁踰墙……一夜之中，只好把老妇人也拉了去应役。这事件是如何发生以及如何发生的？在这一二十个字的诗里都有了生动的描写。这是完全合乎新闻报道的规格的。

这样精炼生动的画面，而且是有新闻特点的文字，不正是我们写着写的新闻报道的榜样吗！

"石壕吏"一诗，不仅在文学上可以作为特写体裁来借新……一些特写创作的参考。

首先，第一是，特写写的人和事，须有浓厚的兴趣和着对人民的疾苦的同情……三别"等篇，都是对于时代中的人所……

其次，是要写出现场，让读者亲临其境……如何发生都是作者耳闻目睹看；敌投夫的免使，而况那兵气的思想……是老太婆的哭诉，直都是现场景象的写出……

细节，说明了事

《杜甫写"特写"》手稿

…赏析，它教我们的事，知说。

要对所写的对象（事件、人物）通情。像杜甫就是带着深情，才能写出《石壕吏》。写一个事件缺乏敏感，不行。

就是要突出写现场感（细节）来，要突出写《石壕吏》事件经过，如翻墙走，老妇出门应付，妇啼一何苦，之类张力，以下使展开绝，如闻泣幽咽，对写成功率是很低的。

最后还有一条，写好写一定要学会白描的笔法功夫。《石壕吏》的作者带着深厚的同情记录了老妇人的哭诉，但是他本人是控制自己，不在这首叙写诗中发表个人的议论，说什么"悲哀"、"惊恐"等等抽象的形容词。有人评论司马迁的《史记》说："善于在叙事中寓论断"。

《石壕吏》以及杜甫的其他叙事诗，多以事实说明问题，让读者自己去体会其中的喜怒哀乐，所用词句都是明白如话，是很简单的建筑，用不着新奇绚丽的辞藻。有没有白描的本领，也可以说是写好新闻特写的诀窍之一吧。而这一点却正是时下的大小特写所最缺的功夫。

林放不老

53

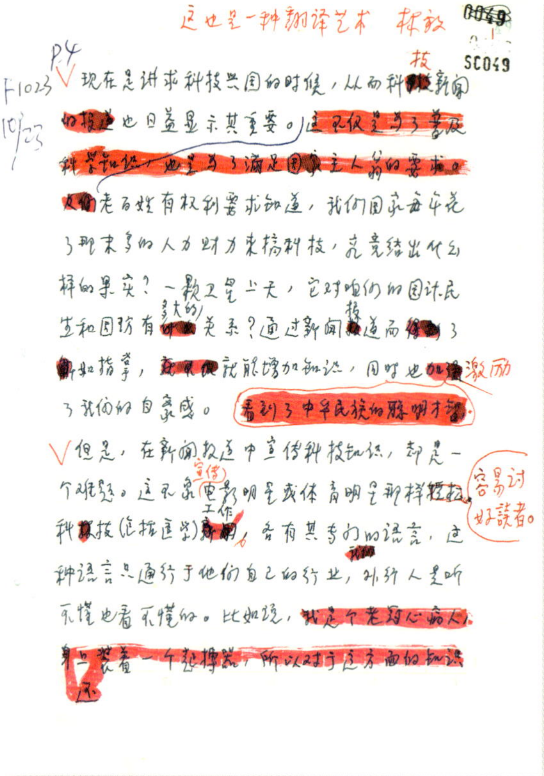

《这也是一种翻译艺术》手稿

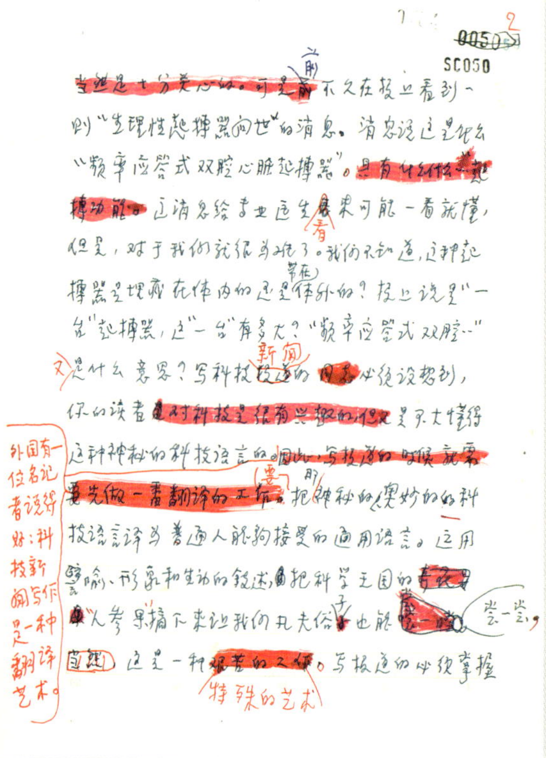

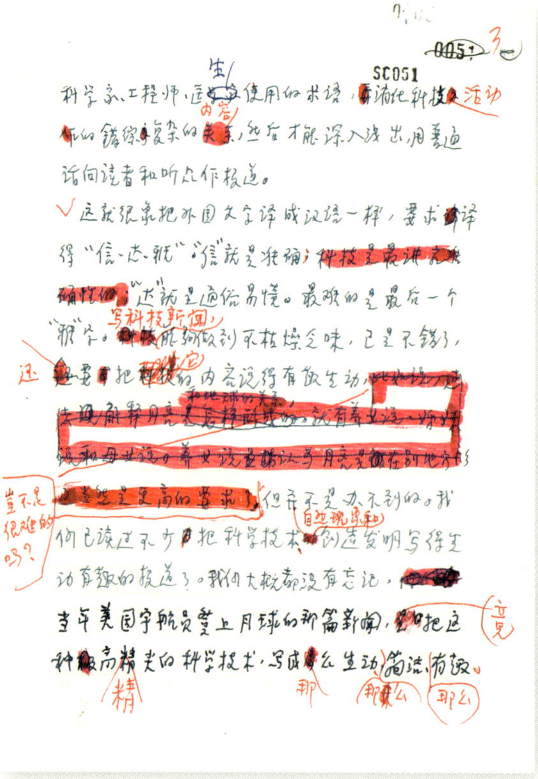

上海市档案馆藏

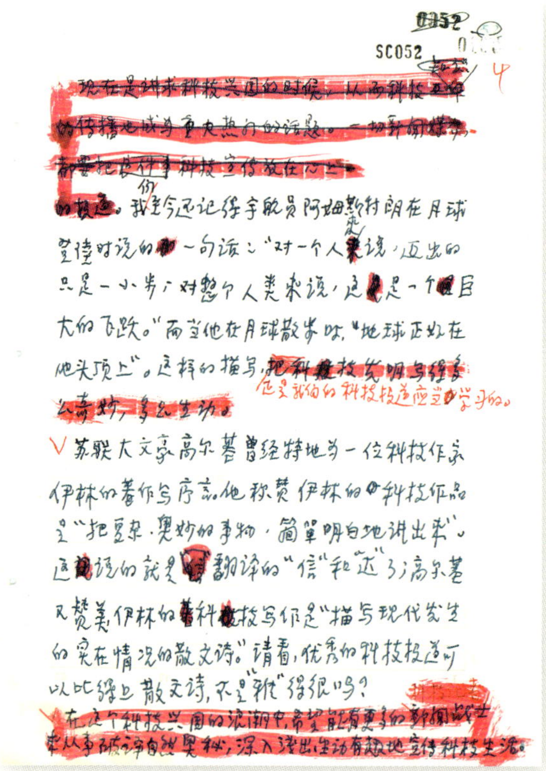

现在是讲求科技兴国的时候，从而科技新闻也日益显示其重要。老百姓有权利要求知道，我们国家每年花了那末多的人力财力来搞科技，究竟结出什么样的果实？一颗卫星上天，它对咱们的国计、民生和国防有多大的关系？通过新闻报道而了如指掌，就能增加知识，同时也激励了我们的自豪感。

但是，在新闻报道中宣传科技知识，却是一个难题。这不像宣传电影明星或体育明星那样容易讨好读者。科技（包括医学）工作，各有其专门的语言，这种语言只通行于他们自己的行业，外行人是听不懂也看不懂的。比如说，前不久在报上看到一则"生理性起搏器问世"的消息，消息说这是什么"频率应答式双腔心脏起搏器"。这消息给专业医生看来可能一看就懂，但是，对于我们就很为难了。我们不知道，这种起搏器是埋藏在体内的还是戴在体外的？报上说是"一台"起搏器，这"一台"有多大？"频率应答式双腔……"又是什么意思？写科技新闻的必须设想到，你的读者是不大懂得这种神秘的科技语言的。外国有一位名记者说得好：科技新闻写作是一种翻译艺术。要把那神秘的、奥妙的科技语言译为普通人能够接受的通用语言。运用譬喻、形象和生动的叙述，把科学王国的"人参果"摘下来让我们凡夫俗子也能尝一尝，这是一种特殊的艺术。写报道的必须掌握科学家、工程师、医生使用的术语，消化科技活动的错综复杂的内容，然后才能深入浅出，用普通话向读者和听众作报道。

这就很像把外国文字译成汉语一样，要求译得"信、达、雅"。"信"就是准确；"达"就是通俗易懂。最难的是最后一个"雅"字。写科技新闻，能够做到不枯燥乏味，已是不错了，还要把它的内容说得有趣生动，岂不是很难的吗？但并不是办不到的。我们已读过不少把科学技术、自然现象和创造发明写得生动有趣的报道了。我们大概都没有忘记，当年美国宇航员登上月球的那篇新闻，竟把这种高精尖的科学技术，写成那么生动，那么简洁，那么有趣。我们至今还记得宇航员阿姆斯特朗在月球登陆时说的一句话："对一个人来说，迈出的只是一小步；对整个人类来说，这是一个巨大的飞跃。"而当他在月球散步时，"地球正好在他头顶上"。这样的描写，正是我们的科技报道应当学习的。

苏联大文豪高尔基曾经特地为一位科技作家伊林的著作写序言。他称赞伊林的科技作品是"把复杂、奥妙的事物，简单明白地讲出来"。这说的就是翻译的"信"和"达"了；高尔基又赞美伊林的科技写作是"描写现代发生的实在情况的散文诗"。请看，优秀的科技报道可以比得上散文诗，不是"雅"得很吗？

（刊《新民晚报》1991 年 10 月 26 日第 6 版）

这也是一种翻译艺术

林放

林放不老

这也是一种翻译艺术　林敏

SC049

P4
F1023
10/23

现在是讲求科技兴国的时候，从而科技新闻报道也日益显示其重要。这不仅是为了普及科学知识，也是为了满足国家主人翁的需要。

老百姓有权利要求知道，我们国家每年花了那末多的人力财力来搞科技，究竟结出什么样的果实？一颗卫星上天，它对咱们的国计民生和国防有啥的关系？通过新闻报道而了解了，我们就能增加知识，同时也加强激励了我们的自豪感。看到了中华民族的聪明才智。

但是，在新闻报道中宣传科技知识，却是一个难题。这不象电影明星或体育明星那样经科技（监控直到）新闻各有其专门的语言，这种语言只通行于他们自己的行业，外行人是听不懂也看不懂的。比如说，我是个老冠心病人，身上装着一个起搏器，所以对于这方面的知识。容易讨好读者。

当这是十分关心的。可是前不久在报上的"生理性起搏器问世"的消息，消息说"颗弃应答式双腔心脏起搏器"具有此搏功能。正消息给专业医生看来可能一但是，对于我们就很为难了。我们不知道，搏器是埋藏在体内的还是埋在体外的？报上说起搏器，这一台有多大？"颗弃应答式"又是什么意思？写科技新闻的因此必须设想你的读者对科技是很有兴趣的但是不太这种神秘的科技语言的困难，写报道的时候要发挥一番翻译的工作，把神秘的奥妙的前科技语言译为普通人能够接受的通用语言。比喻、形象和生动的叙述，把科学王国的以参果摘下来让我们凡夫俗子也能一睹其题。这是一种艰苦的工作。写报道的必须

外国有一位名记者说得好：科技新闻写作是一种翻译艺术

特殊的艺术

科学家、工程师，这……使用的术语，弄清科技活动
……错综复杂的关系，然后才能深入浅出，用通俗的
话向读者和听众作报道。

这就很象把外国文字译成汉语一样，要求翻译
得"信、达、雅"。"信"就是准确，科技是最讲究准
确的。"达"就是通俗易懂。最难的是最后一个
"雅"。写科技新闻，能够做到不枯燥乏味，已是不错了，
还要把……的内容说得有……生动，……

……

……但并不是办不到的。我
们已读过不少……把科学技术的创造发明写得生
动有趣的报道了。我们大概都没有忘记，……

……当年美国宇航员登上月球的那篇新闻，……把这
种……高精尖的科学技术，写得么生动、简洁、有致……精

科技……美国……的时候，……科技……

……把……记在心……

……记记者宇航员阿姆斯特朗在月球
登陆时说的……一句话："对一个人来说……迈出的
大的飞跃。"而当他在月球散步呀，"地球正挂在
他头顶上"。这样的描写，把科技发明写得……
多么……，多么生动。……这就是好的科技报道……学的。

苏联大文豪高尔基曾经特地为一位科技作家
伊林的著作写序言。他称赞伊林的……科技作品
是"把复杂、奥妙的事物，简单明白地讲出来"。
这……就是……翻译的"信"和"达"了。高尔基
又赞美伊林的……科技写作是"描写现代发生
的实在情况的散文诗"。请看，优秀的科技报道可
以比得上散文诗，不是……"得很"吗？

在这个科技……潮中，希望能有更多的新闻战士……
……深入浅出生动有致地宣传科技……

57

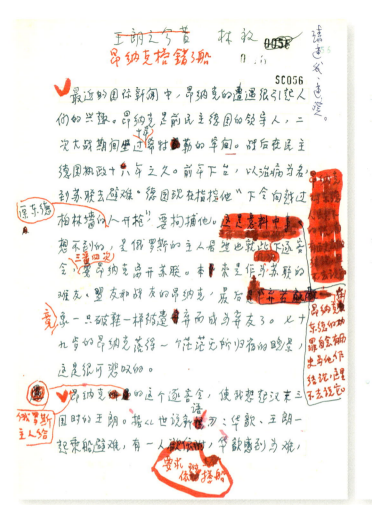

昂纳克搭错了船

林放

最近的国际新闻中，昂纳克的遭遇很引起人们的兴趣。昂纳克是前民主德国的领导人，二次大战期间坐过十年希特勒的牢间。战后，在民主德国执政十八年之久。前年下台，以治病为名，到苏联去避难。德国现在指控他"下令向越过柏林墙的原东德的人开枪"，要拘捕他。昂纳克在东德的功罪自会有历史为他作结论，这里不去说它。想不到的，是俄罗斯的主人居然也就此下逐客令，三番四次要昂纳克离开苏联。本来是作为苏联的难友、盟友和战友的昂纳克，最后竟像一只破鞋一样被遗弃而成为弃友了。七十九岁的昂纳克落得一个茫茫无所归宿的晚景，这是很可悲叹的。

俄罗斯主人给昂纳克的这个逐客令，使我想起汉末三国时的王朗。据《世说新语》：华歆、王朗一起乘船避难，有一人要求依附搭船，华歆感到为难，王朗说，这有什么不可以呢？就让那人上船了。到后来强盗追上了，王朗就要把那人丢弃。华歆说，既然容纳了人家的依托，怎么可以因为急难而相弃呢？终于把此人搭救下来了。据说，当时的人就凭这件事来评判华、王人品的优劣。

《昂纳克搭错了船》手稿
上海市档案馆藏

这回昂纳克的不幸，可能就是搭上了王朗的船了。一到危急的时候，这个难友就被这个王朗弃若敝屣了。关于这个王朗，《三国演义》有一节"诸葛亮骂死王朗"的描写，说是诸葛亮在战阵上大骂王朗是"皓首匹夫，苍髯老贼"！王朗一听，气满胸膛，当即死于马下。这是小说家有意把王朗丑化得猥陋不堪。其实历史上的王朗并不是这样窝囊的，他也做过被人称道的事。王朗传记中说，曹操搜捕一个怨家刘阳的儿子，风声很紧。这人无处逃奔，连亲戚都不敢收容他，王朗却把他隐藏在家里多时，搭救下来，终于保全了这一家的门户。可见古代的王朗并不是全无肝胆的势利之徒。如果评起人品的优劣来，王朗比不得华歆，是评定的了；现代的王朗又逊于古代的王朗，恐怕也是定评。古王朗只不过见危不救、明哲保身罢了；现代的王朗不仅对难友下逐客令，而且还准备拿这个七十九岁的老头儿作为外交上的见面礼，以便捞得一点好处。这就比得出"人心不古"，今不如昔了，昂纳克确实是搭错船了。

（刊《新民晚报》1991 年 12 月 19 日第 6 版）

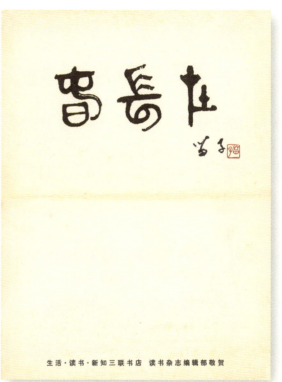

生活·读书·新知三联书店 读书杂志编辑部敬贺

三联书店贺年卡"春长在"

"未晚谈"从1985年开始用这个头花直至1992年。赵超构逝世后，他的遗体覆盖的被子上绣着这头牛，他的墓碑上刻着这头牛。

此画为黄永玉作，出版家范用印成贺年卡，赵超构收到贺卡，喜之，用作头花。此前的头花图案为猫头鹰。

"未晚谈"头花原稿　黄永玉画
中国近现代新闻出版博物馆藏

周月泉致钱君匋信

新民百年报史馆藏
周月泉为《新民晚报》美术编辑。此信主要内容是
林放请钱君匋设计《未晚谈》单行本封面,"未晚谈"
三字亦钱所题。

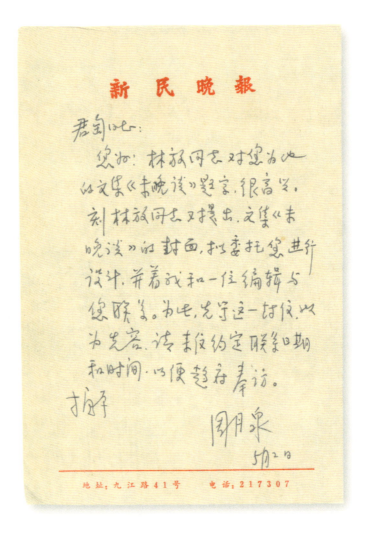

君匋同志:

　　您好!林放同志对您为他的文集《未晚谈》题字,很高兴。刻林放同志又提出,文集《未晚谈》的封面,拟委托您进行设计,并着我和一位编辑与您联系。为此,先写这一封信,以为先容,请来信约定联系日期和时间,以便趋府奉访。

　　握手

周月泉

5月2日

林
放
不
老

上海人民出版社稿费（　　）备查单　　№ 008091

汇款地址：九江路41号文汇报（财务组）　　56年4月15日

编著译者(或代表人)	林放		笔名		
书名	未晚谈	计算稿酬字数的一点说明			
篇名	本社出版物版权页上的"字数"		字(图)数 157,000	字幅 千字 图每幅	18 元
				字幅 千字 图每幅	元
应付 3098.52 元(其中包括印数稿酬 305 元)，扣除预支				元、购书款 150 元
实付金额	贰仟玖佰柒拾捌元捌角贰分 作 840.05		备注	稿件载1000册 2989 印数 459.70 总计 2488.82

审核　复核　制单

行的及占行的标题均作一行计算。如有插图，要
扣除占行的字数。有些图表属作者著作，按图表
实有行数计算，难以计算行数的，酌情计算。

支付稿酬，书籍以千字为计算单位，不足千
字的作千字计酬；但多篇短文汇编的图书及期刊
均以500字为计算单位，不足500字的作
500字计酬或以篇计酬。

著译者收到稿酬后，请在"收据"页上签名，
并将该页退我社财务科。

编务科

此联由收款人保存备查

《未晚谈》稿费单，上海人民出版社发

63

《未晚谈》，赵超构签赠张林岚

《未晚谈（二编）》，赵超构签赠张林岚

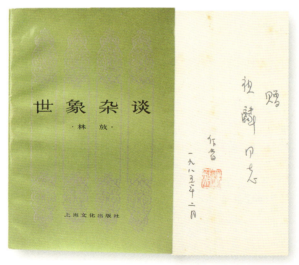

《世象杂谈》，赵超构签赠张祖麟

《杂文选》，赵超构签赠秦亚萍

《未晚谈》剪报本
文成县博物馆藏

我毕生从事新闻工作。作为新闻工作者，从事杂文、杂感和小言论的撰述，算起来已有五十多个年头了。这一次，新华出版社准备为我出版一本小型的杂文选，我感到惶愧，也感到荣幸。就编选这么一本小书，献给读者和同行的朋友，以便请教。

收录在这本书里，只包括"文革"前六七年和"文革"结束后六七年写的杂文。因为年老体衰，资料困难，已没有精力去收集解放前的旧作，就只得就已问世的两本杂文集中选录这些篇章。而编选的劳务，亦多承老友孙式正同志的协助，这是应该在此表示感谢的。

在写作这些杂文的期间，也有不少热心的读者殷殷垂问有关写作的问题。对于这些问题，本书里有两篇短文可以说明，一篇是《多谈些社会问题，宣传好社会主义》，另一篇是《关于投鼠忌器》。在前一篇短文里我认为我们写文章如果光谈主义，却不研究眼前迫切需要解决的社会问题，那就会空话连篇，言之无物。所以为了宣传好社

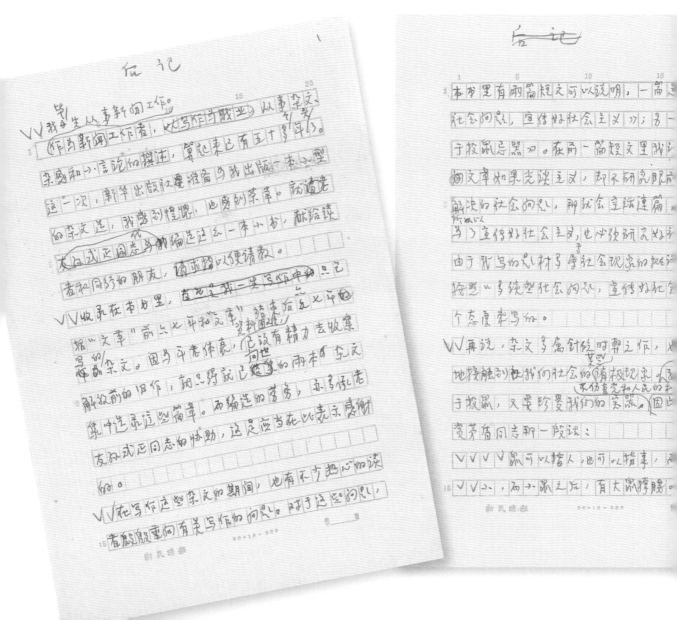

会主义，也必须研究好社会问题。由于我写的题材多属于社会现象的批评，我就是按照"多谈些社会问题，宣传好社会主义"这个态度来写的。

再说，杂文多属针砭时弊之作，也不可避免地接触到我们社会的某些消极现象。这就经常会碰到一个"投鼠忌器"的问题。我们既要勇于投鼠，又要珍爱我们的宝器，不伤害党和人民的利益。因此我特别欣赏茅盾同志那一段话：

鼠可以指人，也可以指事，而且鼠有大小，而小鼠之后，有大鼠撑腰。故投鼠，亦非简单。器可以指社会主义制度，也可以指党。投鼠不中而伤器，这是极不应该的（意在投器的别有用心者，不与同例）。如何能击中老鼠而不伤器，且使器之光辉更加发扬，这就有赖于作者的思想水平，政策水平，分析综合能力，以至写作的技巧了。

要勇于投鼠而不伤器，这是很不容易的，但是我们必须努力做到。在写作杂文中，我是经常以茅盾同志这段话来勉励自己的。至于有没有这个水平，做到了几分，那就有待于读者的指教了。

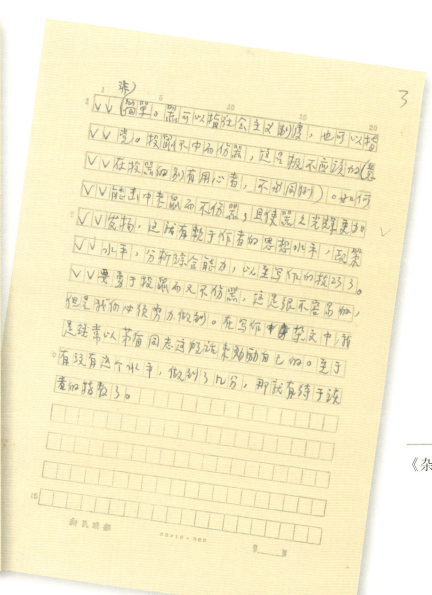

《杂文选》后记手稿

卖稿卖得好，便要长期用功，每天也要

你，要卖我又卖得很吃力，期男力，一天也不能

九篇了句。不那欢生还更要用要，

乱，现在亡也，三事。你啊

还是成便别挖只行。二我了这

吻。翻译的文，这多是这生硬只通顺

尺牍情

第

三

章

　　在互联网出现之前，书信是人们联系、交流的重要方式。书信古称"尺牍"，古今中外一向重视名人书信的收藏和出版。由于赵超构先生不保存自己的手稿和他人的信件，寄出去的信件反而成为存世最多的赵超构手迹。本章节最主要的信是赵超构先生写给孙子赵丰、赵扬的家书，有十余通，透出浓浓的祖孙情。其中有许多赵超构先生指导孙子读书的内容，透露出他的读书喜好和价值取向，饶有趣味。我们还征集到数通赵超构先生与名人、作者、读者的通信，同样珍贵。特别有意思的是，赵超构致黄佐临和黄佐临致赵超构的信分别藏于上海图书馆和上海市档案馆，这次两位老友的往来信札聚首，诚佳话也。

上海人民出版社

致赵丰、赵东戡

上海人民出版社

小丰：

　　信收到了。刚好今天中午寄了一包书给你。《李自成》两册，一册《铁木儿和他的伙伴》，一册《长征回忆》录。共四本，挂号寄到欧阳路幼儿园收转的。你们去问问看，收到后给我写一封回信。《第三帝国兴亡记》书已不在（这书不是我买的）。你也不忙看这些书。中英对照的书都很深，大学程度的，我找一找看，最浅的我会寄给你的。但目前最要紧是打基础，背熟英语。乱看反而不好。《李自成》写得很好，要一句句看下去，不要只看故事情节。要学习他的描写、词汇，这样作文就会写得好。寄给你的书要保管好，过两年赵扬也要看的，这些书很难买到。《铁木儿》也很有趣，但不知赵扬能看得懂否？今天暂时只写这几句给你。下次再谈吧。

　　　　　　　　　　　　　　　　　　　　　　爷爷字

东戬：

　　今天中午有一包书寄在欧阳路幼儿园，李其美住院，何时去问问看收到否？书比信要慢一些，收到后叫小丰写回信给我。

　　科学会堂听讲座全不成问题。科普会长是苏步青同志，前已谈好。科学会堂副主任是江征帆同志，也是温州同乡，我见过两面。但是既然要七八月间才去听，那就到那时再说吧。早说他们忙人容易忘记。总之，什么时候去说，你临时通知我好了。李其美不开刀，单吃中药，能彻底解决问题否？

　　　　　　　　　　　　　　　　　　　　　　爸爸

　　　　　　　　　　　　　　　　　　十八日下午五时

小丰、赵扬：

信收到了。你们现在最要紧的，是把学校的功课做好。年小时记忆力强，要把语文、数理基础牢牢记住。英语一定要每天抽时间大声反复背诵。小说，偶尔看一点可以，不能整天埋头看小说。你们将来要争取做科技人员，学好本领为祖国服务。我不希望你们做什么"文学家"。我最近较忙，也好久不跑书店了。有便可以替你买一二本，但不能样样都买。书是买不完的。你看小说，只知道看故事，还不能欣赏，这些书一看过就放在书架上没用处。还是专心把功课做好吧。另外，你也不要盲目地听别人传说。比如数理化丛书，大家都抢购。其实这书每种都有四册（代数、物理、几何……），一共十几本，是给"上山下乡"青年自学的，你有学校，有老师，有课本，每天把教来的习题做完，已不容易，哪里有时间再读这些书呢？只是因为前回考大学，大家抢购，弄得人人都想买，弄得很紧张。"四人帮"打倒后，学校抓紧了，这对你们是很好的事。下半年课本改革，恢复基础课，就更好了。东戳也有信给我。他的工作做好，我当然很高兴，希望你两弟兄也要用功读书，将来能成为对祖国有用的人。我的身体很好，发胖了。等东戳回来，你们同他再来看我好了。你们楼下是否有信箱？房子是过得去的，只是寄书太不方便。目前只好寄幼儿园转吧？

别的没什么了。你们的字也写得不好。以后要写得整齐一些。不要像爷爷这样，一辈子都写不好，吃了不少亏。

附年历卡四张。是年历卡，不是年列卡，赵扬写错了。

超构

七日

72

版社

的，是把学校的功
把语文，数学基础出
打词大声反复背诵。
思无理头看小说。
学好本领为祖
化"文学家"。我最
有便可以帮你买一
定的。你看小说，
些书一看已就救更
更好吧。另外，你
数理化丛书，大家
用（代数、物理、几何一）
力学的。你有学校，有
题做完，已不会高，哪
用早点回考大学，大
张学栋。"四人帮"打
很好的事。下半年课
东、我也有信给我。

上海人民出版社

他们工作很好，我也很高兴，希望你们两个也要用
功读书，将来都成为对我们国家有用的人。我的身体很好，
发胖了。等于载回来，你们同他再来看我好了。你们
接下去怎么有信给扬？守义是还得去的，只是寻访太不方
便。~~……~~
稿（是你们队里高友师领来中卖些）字明放目前只
好寄幼儿园转吧？

别的没什么要说的。你们的字也写得不好。以后
要写得整齐一些。不要象爷爷这样，一辈子都写不好，
吃亏了不少哦。

给我平信片四张。是平信片，不是平列片。仪
扬写错了。

赵桐　七日

致赵丰、赵扬

小丰、赵扬：

　　我们最近全部人都集中延安路一个地方定稿，很忙，我又时常在外开会。打电话也很难接到。因此，在开学前后，你们不必来看我了。要过了二月份，你们有空再来好了。怕你们白跑空路，所以特地告诉你们一声。余无别事。我身体很好，只不过是忙。

爷爷

二月一日

致赵丰、赵扬

小丰：

　　信收到了。你们上学，我很高兴，希望你们努力学习，天天有所进步。你说的《中学综合数学习题集》，我问了许多人，都说没有这本书。将来我见到这本书，或类似的数学习题书，一定替你买来。《班主任》是一篇很短的小说，登在《人民文学》上，二十分钟就可看完，并没有出书。将来你来玩时，到我们资料室找出来读一读就行了。另外告诉你的老师：《辞海》理科分册上下两本，今年国庆节，都将在新华书店公开出售，任何人都可买到，用不着我代买的。我给你们的自学丛书，缺少一本《立体几何》，现在我已替你买到一册，明后天寄给你。本月十一日，我要去西安、延安去参观，月底才能回来。

　　（从你的来信看来，你的语文还很差。以后要加把劲，把语文学好。特别是要学习标点，不要写错字。）

　　　　　　　　　　　　　　超构

　　　　　　　　　　　　　　四日

致赵丰

上 海 人 民 出 版 社

服。你散诗词迷，应当先选一些旧的下来。我买书是有选择的，"青演的瓢流记"也是应该看一看的。新买的书，叫小丰好好保存，这两三年，好也可以看得懂了。今年是我这初中后，不妨先看看"西游记"或"青演的"。上北京，打算买一部"三国演义"给你的。可以让你们看懂最浅的文言文。我八岁的时候，在大学者今年时，就是由我的弟弟（你们的表姑公）教我读"三国的"先后看不懂，慢慢地就懂了。

这封信，叫小丰也读一读。天热，不多说了。

〔郭〕〔某某〕九月

赵扬：

　　你那天回去，一路上顺利吗？那天太热，我又刚从韶山、井冈山回来，工作一大堆，没有带你出去玩。你等于白来一趟了。你老师要买四本《作文知识讲话》，我问过两家新华书店，都说卖完了。买不到了。你就这样回答老师吧。以后顺便看到，再替你买。同时告诉小丰：《战斗的青春》和《苦菜花》等书，并不是很好的作品，值不得买。买书要买文笔好的，对写作、作文有帮助，如《李自成》，文笔描写就非常好，值得学习，多读。不要以为故事知道了，就不再读了。文笔一般的，能（就）向学校图书馆借阅算了，不看也无所谓。《苦菜花》《战斗的青春》主要是因为作者受过"四人帮"迫害，才重新出版。《陈毅诗词选》应当选一些背下来。我买书是有选择的，《鲁滨孙飘流记》也是应该看一看的。所有的书，叫小丰好好保存，过两三年，你也可以看得懂了。今年暑假，你考进初中后，不妨先看看《西游记》或《鲁滨孙》。今年上北京，打算买一部《三国演义》给你们，可以让你们看懂最浅的文言文。我八岁的时候，在大凼老家时，就是由我的祖父（你们的老太公）亲自教我读《三国》的。先是看不懂，慢慢地就懂了。这封信，叫小丰也读一读。天热，不多说了。

　　　　　　　　　　　　　　　　爷爷

　　　　　　　　　　　　　　　　廿九日

致赵丰

小丰：

　　信看到了。比以前写得较有条理了。

　　告诉你校老师，我不会做语文方面的报告。写文章的人不一定能教别人写文章。写作和教学是两回事。写作没有什么窍门，多读、多看、多写，自然熟能生巧。主要靠实践。把这样的意思告诉老师，请他原谅。

《斯巴达克思》外面一抢就光了。无法再买。我们内部每三人分一部，大家争得很厉害，我也没分到。这部书我翻了一下，对话很冗长，谈的道理决不是青年人能看得懂的。并不好看。《李自成》也无法买到。历史小说也不大好读。将来有别的书，我当留意。但不知寄到大连西路，能收到否？你在六楼上，白天又没人，邮局的人肯送上六楼吗？如果有什么书，寄到哪里较妥当？便中回我一信。

下月起，我在外面活动较多，你那里到陕西北路很远，要是跑空路就划不来。没要紧就不必来了。来时先打电话535466问一声我在不在。国庆节你幸亏没有来。那三天我都不在单位。你那时生什么病？毛头最近学习用功否？你今后小说要少看，用心把语文、政治、数理化学好。电视也少看。

我身体很好，就是忙。

超

10月22日

信内有两句话要改一改。

"我在家里看到了火树银花般的焰花"。前面说银花，焰花就重复了。应改为"焰火"。

"洞若观火地见到外滩的采（彩）灯"。"洞若观火"四字已包括了"见到"的意思，这是不妥之一。"洞若观火"只能应用于看到阴暗难明的事物，灯彩是很明亮的，所以就不能用这四字。应改为"遥远地看到外滩的彩灯"（这里应用"看到"，不用"见到"）。

尺犊情

上 海 辞 书 出 版 社

上 海 辞 书 出

小丰：

　　信收到了。现在寄给你《李自成》二卷三册和《辞海》医卫分册一册（共四本），收到后回我一信。

　　《基度山》是外国二流作家的作品，书又紧张，值不得看。你们不要盲目听信别人的话，有些书，很热门，但你们不一定看得有兴趣。如《斯达巴克思》，连我都不要看。物理习题已托人买，数学习题据说买不到了。我很忙，也老了，没有时间专跑书店了。只好托别人。你们目前最要紧的是把课本学好，不要增加太多的负担。奶奶已出院，在家里打金针。

　　　　　　　　　　　　　　　　　　　超

　　　　　　　　　　　　　　　　　　　廿六日

致赵丰

小丰：

　　信收到了。很高兴。英语考得好，但要长期用功，每天要读出声来，每天清晨读它一阵，最好能背得出。学外语是要长期努力，一天也不能中断的。记得你曾要我买《英语九百句》，不知现在还需要否？如果你要，可以给你买一部。一共六本，现在已出了三本。你的语文怎么考不好呢？是作文不行，还是成语测验不行？可能是你多看翻译小说，受了影响。翻译的文字多是生硬不通的。《三国演义》是浅近文言，文理很好，留到暑假看。我九岁的时候就看《三国》了。开头几回难读，读了三四回，慢慢地就能看懂。我们现仍在陕西南路25弄办公，地方很小，要到七月底才能搬回去。六月初又要去北京。看来要到暑假，你们弟兄才能来看我。好在我身体如常。奶奶比住医院的时候好多了，拿手杖可以走几步。生活上仍要人照料。寄给你的复习书，是整套的。你主要还是把学校教的基础课学好，复习书只能有空时看，不必弄得太紧张，免得弄垮身体。每天要做些体育运动，看书时注意光线，保护眼力。赵扬也要注意。

超

五月廿二日

美国图书展览会参观是定日期的。给你两张，有时间就去看，没时间就算了。我已向人要了两次，都因为送到时已是当天的票，来不及寄。现在这两张是廿六日的。不知赶得上否？

爷爷

廿四日上午

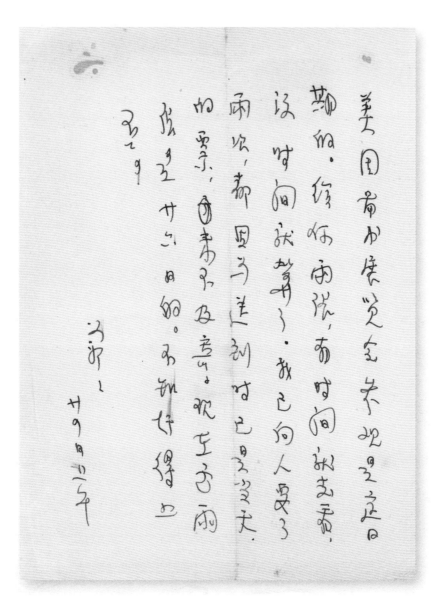

致孙

小丰：

　　书市入场券两张，上下午都通用的。书市很拥挤，不能带拎包，检查很严。去看看开开眼界而已。我去过，只买一本书。你可以买些学习上用得着的。小说之类，就不必乱买了。剪报一份，给赵扬看看。

　　长风中学今年考进大学和大专的有多少人？占该学（校）考生的百分之几？

爷爷字

七日

致赵丰

小丰：

三月底看了你的一封信，因为我不大了解今年招生情况，没有回你的信。现在，知道今年大学录取率不高，大家都很紧张。我以为，紧张是不必要的。客观情况如此，主要是由于国家还穷，没办法多收大学生，考不上大学，不能怪学生，也决不是什么丢脸的事情，所以不必太紧张。一切按照正常的态度去对付。怎样叫正常态度呢？就是一句老话："作最好的准备，作最坏的打算。"但在准备投考中，要保持身心健康，充分休息。特别是临近考期或检查体格时，切不可以紧张。有的学生身体本来正常，因为检查体格，心跳加快，结果被怀疑作心脏病人。考试时多带一支钢笔备用。你年纪还轻，今年考不取，还有明年，明年考不取还有后年。即使考不取，作个技工，也还有业余大学可读。怕什么呢？

爷爷不会为了你考不取就怪你的。考大学，看来把握不大，那末考中专，我看是有希望的。填志愿时，跟家里商量好，我不便出主张。如果是我自己考的话，我的一个总的原则是相信有知识总比没有知识好，有本领才能对国家多作贡献。不一定死守上海这个地方，也可以考虑某些比较冷门的招生不满额的。当然，你们如果认为技工学校好，也可以。早点踏上工作岗位再用功业余学习，也是一条路。爷爷没有别的办法帮助你，但支持你的学习，多给你买点有用的书，是做得到的。（你前信所要求的那些小说，都是坏书，不必花时间看的。）

你们高中毕业考试考完了没有？你究竟准备考大学？中专？技校？家里商量好没有？星期天有空，写封详细的信给我，不要忘记。奶奶也很关心。我们"九十一号舅舅"的女儿，过去成绩很差，去年也给她考进技校了。所以最后还是希望你不要紧张，即使一个学校也考不上，也不必怕难为情。当然，尽可能地多准备，也是必要的，但不要弄得睡不着觉，临时也不必心跳不定。

爷爷

小丰：三封信看了，你的一封信，因为我和丰大了解今年招生情况，没有回你的信。现在招过了，丰大已录取率不高，大家都很紧张。我以为，报强了今年大学要扩招，招情况如此，毛要是由于国家过窄，没办法多收大学生，考虑上大学，不就像学生也决不是那么丢脸的事情，所以不必太紧张。一切按照正常态度对待。若按照正常态度，说了一句老话：你最好的准备，你最坏的打算。但在准备投考中，要保持身心健康，是为妹妹。若别是临近考期或模考时，拾时，切不可以紧张。有利身体健康，因为模查得快，心跳加快，瑶手利帕疑如不心脏病人，考试时多带一枝钢笔用。你平纪还轻，今年考不取，还有明年，明年考不取后年。乌使考不取，尔个技工，也还有其东大了之读书的机吗？

致赵丰

爷爷不会为了你考不取就难过的。考大学看填志愿时，张弓要高量好，我不使出主法。如果是我自己考的话，我的一个看法：相信有把握三死字三遍过个地方，也可以考虑某些比较途的细想生不涌颜的，高志，你任何松果认可找工作都好，自己埋头把揽不大，的丰考中，我看是有希望之姑。送比没有把搞好，有束轻才能对国字多作贡献。自取也同心。平生路上工作再用功攻守习，也同心。

小丰：

　　我于今天上午飞北京开会。九时起飞，十一时就到了。

　　今年大学录取标准很高，一般大学也很难考上，这当然也不怪你们。但不知自费走读有无希望。

　　不管怎样，自费走读也好，中专也好，技校也好，如果有结果，你就写封信给我，免得挂念。就是什么都考不取，也应告诉我一声。我目前的通讯处是"北京市八大处甲一号八五楼二三七号"。开会约两个星期，九月二十日大概可以回上海了。

超构

廿七日

致赵丰

小丰：

　　我昨天才回来。寄给你们报纸订阅单十张，你可以分送给旁人，如你的同学、东戳单位同事、幼儿园、邻居。你可以凭票先订三个月或半年，报费将来我付给你好了。

　　要马上去订，报单也得马上分掉，过了廿二日就无效了。

超

十八日

致赵丰

尺牍情

小丰:

　　信早收到。回来大忙，又要传达，又要写文章。看了你的信，我觉得你录取之前太紧张了，录取之后现在你又太轻松了。好像问题一解决，以后"铁饭碗"就可到手了。假如有此想法，你就错了。现在正在改革制度，将来"铁饭碗"吃大锅饭的制度一定是要改掉的。今后，一定是优胜劣败，没本事的人是站不住脚的。因此，你学习时间仅有三年，这三年你一定要把专业课修好。你说的四门功课，都是很重要的。数学、英语也费时间。我劝你在这三年内兴趣不要分散，不要想东想西。小说之类，现在书店里多得很，翻译的往往文理不通，多读反而受害，还不是你能欣赏的。倘使有多余时间，你现在最要补充是各方面的知识，如中外历史、中外地理。前次给你的前后汉故事，就是历史性的知识。有这类书，我自然会买给你。这些书虽然枯燥一些，但是没有这种知识，将来会被人看不起。至于文艺小说，等你毕业后来看，那时欣赏水平提高了，或者可以得到益处。鲁迅就曾指导青年不要只是看文艺小说，要多读知识性的读物。

　　说到集邮，又花时间，又费钞票，这些爱好不能说坏，但必须是自己独立生活后来搞。倘使现在分心在这些事上，弄得入迷，就会影响学业。集邮的趣味就在于"集"，拿人家现成的邮票，算得是什么"集"邮呢？

　　总之，从你的来信，我看出你有点飘飘然，太轻松了。或者至少是有了这个苗头。据几位大学校长告诉我，现在就有不少学生，一进大学，就以为自己"笃定太（泰）山"，不肯用功了。你是不是也有这种想法？你看，现在待业青年这么多，每年都有人淘汰下来，你有了今天这样的条件，

林放不老

上海人民出版社

上海人民出版社

致赵丰

还不专心学习，对得起国家吗？我倒没有像你所说的"一怒之下"，我是平心静气说给（你）听的。

首先把门门功课学好。经济管理，就得学政治经济学，这门功课是很难懂的；其次，学好课堂所教的材料之外，倘有时间，多看些科技英语（新华书店都有，都是三四角钱一本的），把英语学得更好；再其次，有多余时间，多看些知识性的读物。三年时间是很快的，千万不要浪费时间在同学习无关的事情上去。打好坚实的基础，学好本领，报效国家。语文也要好好学，《三国演义》可以重读，把每一句话翻词典学懂，文言成语就够用了。

爷爷字

九月廿四日

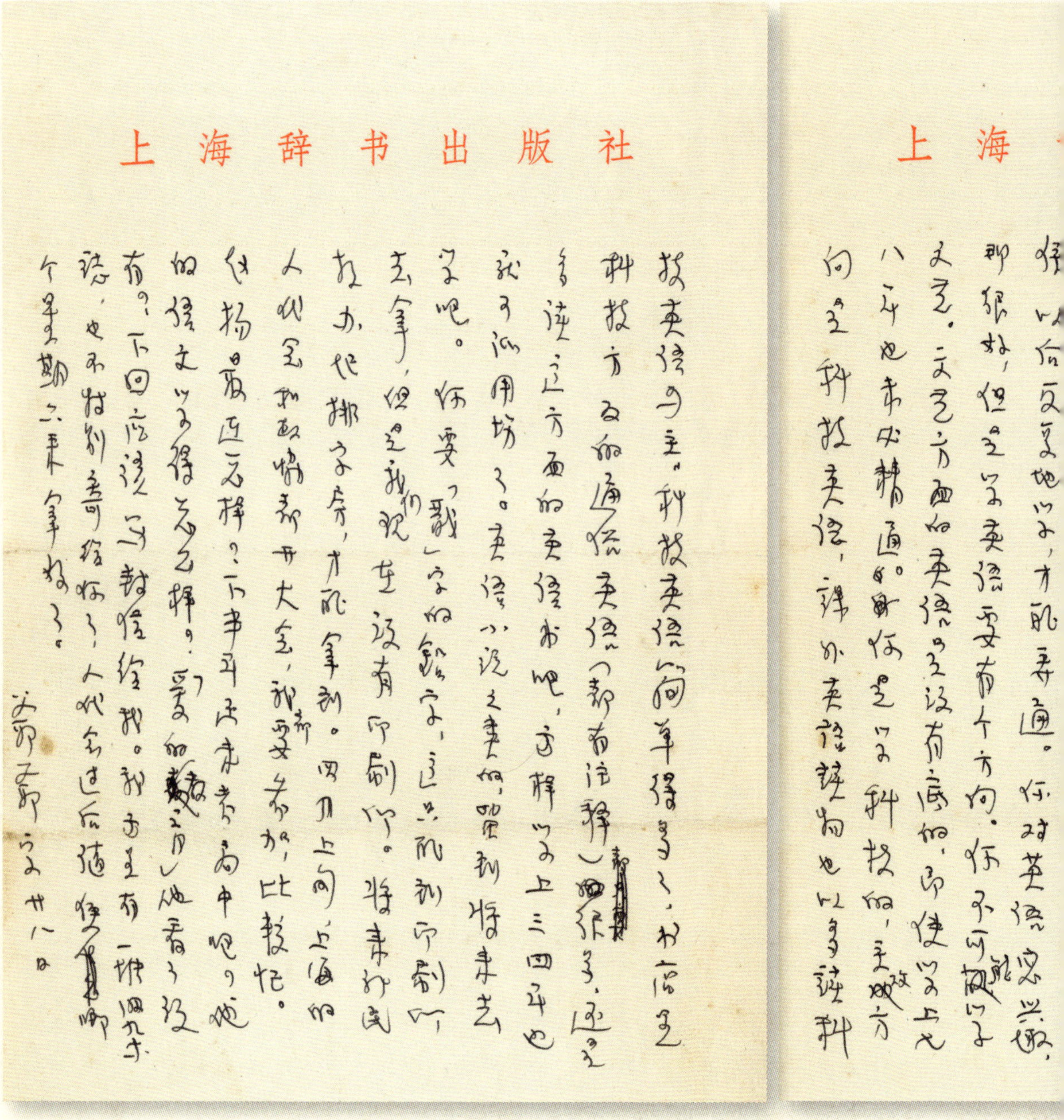

上 海 辞 书 出 版 社

上 海

致赵丰

书出版社

小丰：

　　收到你的信已一星期。因为忙于开会，今天才回信。你说身体不好，不知已好了一些没有。要注意：如果感到疲劳，精神不振，检查不出别的毛病，就应该查一查肝功能。肝炎病人没有别的症状，都是从疲劳、胃口不好开始的。切切注意。

　　政治经济学本来是难学的，但是一些基本的概念，要尽力记住，以后反复地学，才能弄通。你对英语感兴趣，那很好，但是学英语要有个方向。你不可能学文艺，文艺方面的英语是没有底的，即使学上七八年也未必精通。你是学科技的，主攻方向是科技英语，课外英语读物也以多读科技英语为主。科技英语简单得多了，书店里科技方面的通俗英语（都有注释）很多，还是多读这方面的英语书吧，这样学上三四年也就可派用场了。英语小说之类的，留到将来去学吧。你要"戳"字的铅字，这只能到印刷所去拿，但是我们现在没有印刷所。将来《新民报》办起排字房，才能拿到。四月上旬，上海的人代会和政协都开大会，我都要参加，比较忙。赵扬最近怎样？下半年还未考高中吧？他的语文学得怎么样？《爱的教育》他看了没有？下回应该写封信给我。我这里有一堆旧杂志，也不特别寄给你了，人代会过后随便哪个星期六来拿好了。

　　　　　　　　　　　　　　　　爷爷字

　　　　　　　　　　　　　　　　廿八日

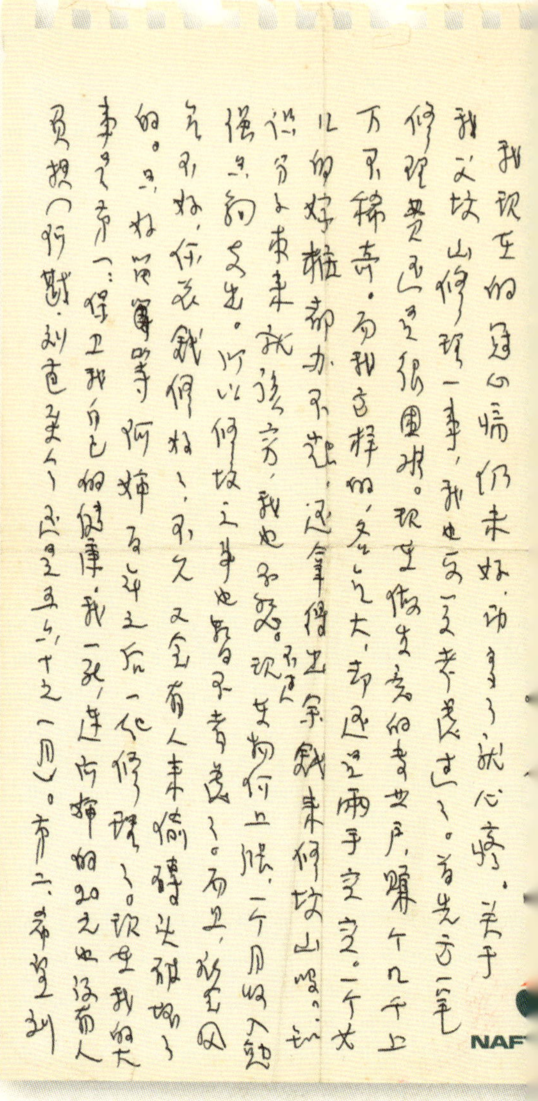

致赵芸孙

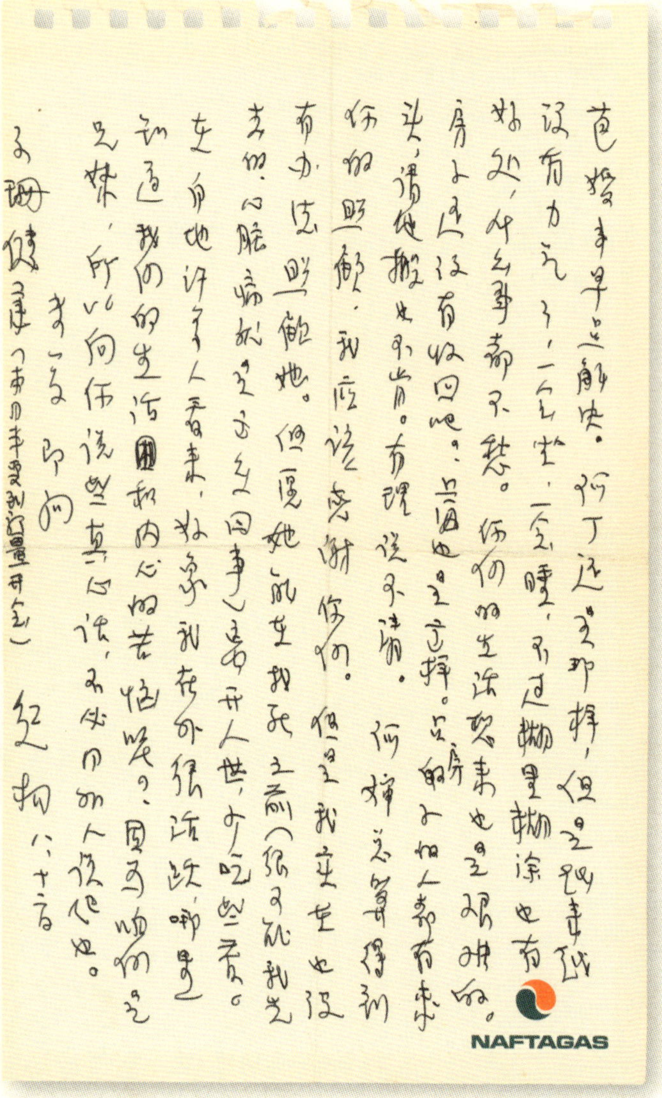

芸孙：

你的信来了好几个月了。我又忙，又懒，情绪也不大好，拖到今天才写这封信，请勿见怪。

我现在的冠心病仍未好，动多了就心疼。关于我父坟山修理一事，我也反复考虑过了。首先这一笔修理费还是很困难。现在做生意的专业户，赚个几千上万不稀奇。而我这样的，名气大，却还是两手空空。一个女儿的嫁妆都办不起，还拿得出余钱来修坟山吗？知识分子本来就该穷，我也不怨。不过，现在物价上涨，一个月收入勉强只够支出。所以修坟之事也暂不考虑了。而且，社会风气不好，你花钱修好了，不久又会有人来偷砖头破坏了的。只好留等阿婶百年之后一起修理了。现在我的大事是：第一，保卫我自己的健康，我一死，连阿婶的二十元也没有人负担（阿戬、刘芭至今还是五六十元一月）；第二，希望刘芭婚事早点解决。阿丁还是那样，但是越来越没有力气了，一会坐，一会睡，不过糊里糊涂也有好处，什么事都不愁。你们的生活想来也是艰难的。房子还没有收回吧？上海也是这样，占房子的人都有来头，请他搬也不肯。有理说不清。阿婶总算得到你的照顾，我应该感谢你们。但是我实在也没有办法照顾她。但愿她能在我死之前（很可能我先去的，心脏病就是这么一回事）离开人世，少吃些苦。在自地许多人看来，好像我在外很活跃，哪里知道我们的生活和内心的苦恼呢？因为咱们是兄妹，所以向你说些真心话，不必同外人说起也。

专复即问

子珊健康（本月半要到新疆开会）。

超构

八月十二日

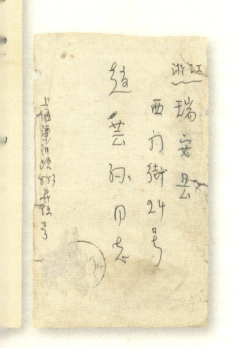

全国晚报体育好新闻评选委员会:

欣闻一九八七年全国晚报体育好新闻评选发奖大会在太原召开,我向在这次评选中获奖的体育记者表示祝贺,向全体评委致以问候。

体育新闻是晚报的一个鲜明的特色。据我所知,全国各兄弟晚报都十分重视体育报道,晚报的体育记者队伍已成为我国体育宣传的一支活跃的队伍,他们写出了不少受到读者好评的报道。这次评选就是对晚报体育报道的一次总结和估价。

晚报有晚报的特点,晚报体育报道也应该有自己的特点。晚报体育新闻要区别于日报和专业体育报纸,形成自己的个性。我曾说过,晚报体育版面应该给读者留下"跃如也"的感觉,也就是从稿件内容到编排都要显示出生机勃勃。

听说,从这次开始,以后将定期举行晚报体育新闻的评选,我很赞成这样去做。我希望通过评选交流,进一步提高晚报体育记者的业务水平。我也相信,几年以后,我们晚报体育记者里一定会涌现出更多的名记者。

祝大会圆满成功!

祝同志们身体健康!

赵超构

一九八八年四月二十八日

新民晚报

党，也就是从稿体内容到编排都要显示出生机勃勃。

听说，从这次开始，以后将定期举行晚报体育新闻的评选，我很赞成这样去做。我希望通过评选交流，进一步提高晚报体育记者的业务水平。我也相信，几年以后，我们晚报体育记者里一定会涌现出更多的名记者。

祝大会圆满成功

祝同志们身体健康

赵超构

一九八八年四月二八日

致全国晚报体育好新闻评选委员会

致郑逸梅

逸老：

短札收到，娓娓说来，亲切有味，足见老境欢愉，胸无渣滓，可喜可贺。说起来是很有意思的，我们过去彼此都已相知，却始终无一面之缘，想不到前些时候由一个毫不相干的人把我们撮合在一块儿。可惜当时为了任务，彼此之间未得畅谈，今后当另找机会图一快叙。本来接到信就想登门请教，因为我现在只有中午有空，恐怕侵占你的午睡时间。那张照片就请邮寄给我，地址是：陕西北路457号《辞海》编辑组。费心，至谢。

匆此，即致

敬礼！

赵超构

七月三日

赵超构郑逸梅合影　林培瑞摄

　　郑逸梅注：赵超构号林放，著《延安归来》，主持《新民晚报》。（编者注：《延安归来》应为《延安一月》。）

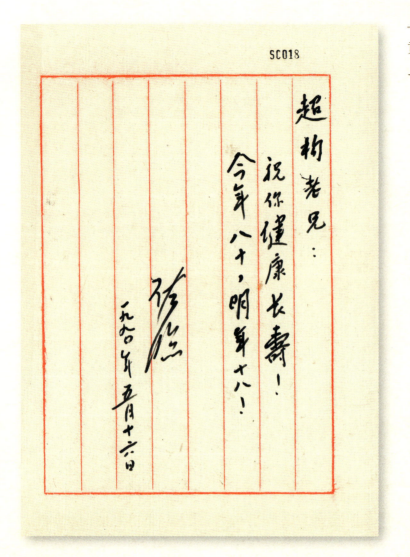

黄佐临致赵超构
上海市档案馆藏

超构老兄：

　　祝你健康长寿！

　　今年八十，明年十八！

　　　　　　　佐临

　　　一九九〇年五月十六日

佐临老兄：

　　八十贱辰，承赐十八岁的祝辞，让我回复
六七十年前的童心，足见您也在十八岁的年华
自娱，彼此彼此，甚感甚谢。

　　祝

　　长寿

超构

五月廿四日

致黄佐临

乐平同志：

又是月余未见了。最近，才知道你在庐山生了一场不大不小的病，而且进了医院。这一方面是积劳成疾，同时也可见吾辈老头子抵抗力之弱，经不起气候变化的考验。现在，我猜想你一定已出院，在家休养了吧？古人说，"因病得闲殊不恶，安心是药无妙方*"。希望你充分利用这时间好好养息，业务应该暂时挂起。上次咱俩的"双簧"，听说反应还过得去，当天报纸也很快就卖光了。这首先是"三毛"作者的号召力，无（毋）庸否认的。本应赴府问候，最近连开十天多的民盟工作会议，只能修函问好，改日再畅谈吧。

超构

十日

*"安心是药无妙方"应为"安心是药更无方"（出处：苏轼《病中游祖塔院》）。

致张乐平

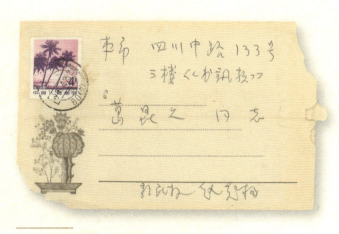

葛昆元同志：

辱承枉驾，失迎为歉。恨水先生的《金粉世家》，我从未读过，无法发表评论。因此就不必为此再劳往返了。"第一本书"我实在谈不上。还是应请文坛上的作家来谈的。我的事杂，体虚，实在无法写这类稿子，务请曲谅是幸。

专复　即致

敬礼

赵超构

廿五日

致葛昆元

第

四

章

　　赵超构先生爱好摄影，虽少为人知，却大有来历。在新民报社，有"张恨水爱夸他的京剧，赵超构爱夸他的摄影"之说。新中国成立后，赵超构先生是中国摄影家协会的首批会员。1959年，筹备成立中国摄影家协会上海分会，赵超构先生任筹委会主任，并提出了"扩大团结，繁荣摄影创作、壮大摄影组织"的办会原则，受到上海摄影界的称赞和拥护。因此，他堪称上海摄影家协会的创建者与奠基人。赵超构先生拍了大量风光摄影作品，1958年，他遵毛泽东之嘱回乡采访，先后游览了梅雨潭和雁荡山，留下不少精彩之作，他对人像、静物摄影亦有涉猎。本次展览有数幅赵超构先生在背面题词的照片，记录了拍摄的时间、光圈、速度和所用滤镜，十分专业。

白云山头云欲立

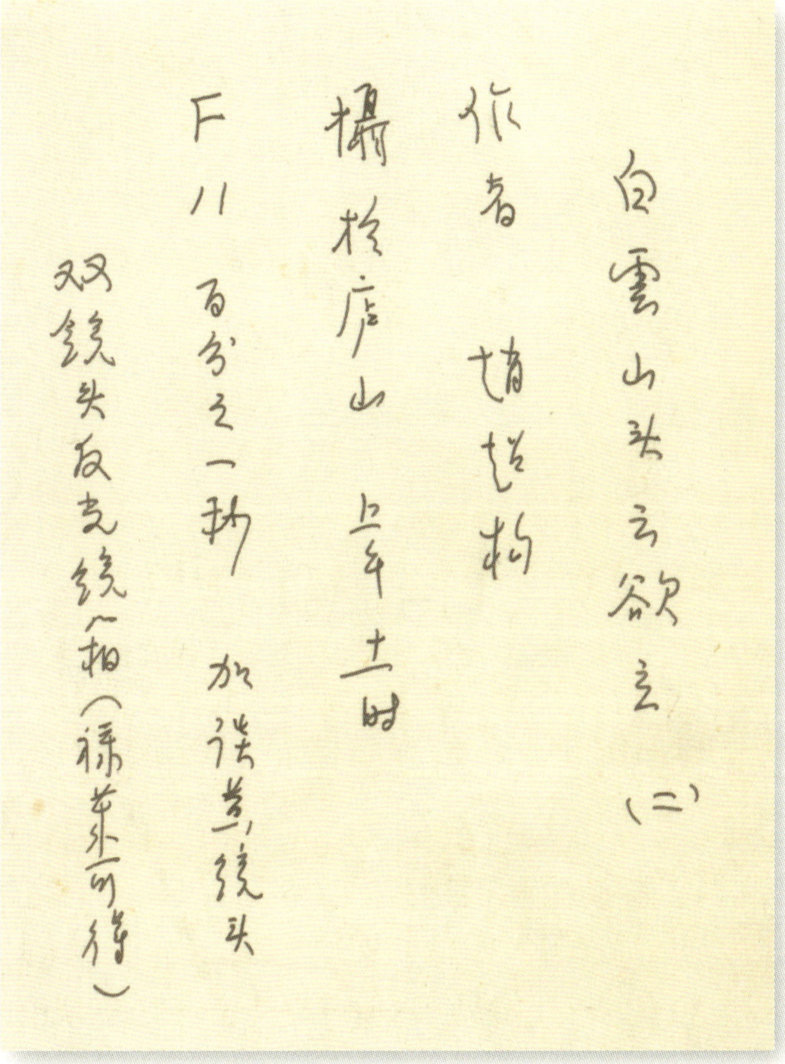

白雲山头云欲立 （二）

作者 赵超构

摄於庐山 当午十时

F11 五分之一秒 加偏光镜头

双镜头友光镜一拍 （禄莱可得）

《白云山头云欲立》背面，赵超构题

东风伴我作山行

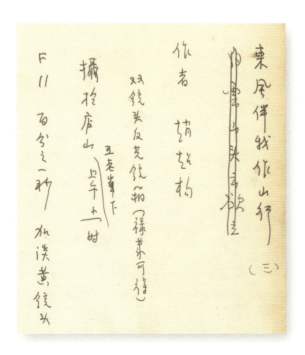

《东风伴我作山行》背面，赵超构题

背影

《背影》背面，赵超构题："49年在
昆明池为叶圣陶、刘尊棋摄的背影。"

林放不老

49年在昆明池
为叶圣陶、刘尊棋
摄的背影

观云海

西池晚霞

猫儿

材秋不老

林放不老

风光照

光影间

黄洋界远眺

黄洋界俯瞰

林
菽
不
老

人物照

赵超构同志于一九六〇年七月

加入本会为会员

此证

中国摄影家协会

编号 00683

赵超构中国摄影家协会会员证

赵超构挂着照相机游黄山

最后的生命日记

第

五

章

"飞入寻常百姓家"这句诗，现在与"创刊于1929年"一起印在《新民晚报》的报头之下，天天与读者见面。"《新民晚报》既不是摩天飞翔的雄鹰，也不是搏战风雨的海燕，更不是展翅万里的鲲鹏。它只是穿梭飞行于寻常百姓之家的燕子。"这是赵超构先生写下的名言，也是每一位新民人须牢记的办报格言。同时，这句话也是赵超构先生的夫子自道。身居高位的他，一直把自己当作寻常百姓。这部分收集的他的各种手迹和文物，大多存在他自己家里几十年，其余有的则飞入了其他百姓的家，件件见精神。在1992年的台历上，赵超构先生亲笔记录了他的行止，这是他生命的最后印迹。

赵超构小传

赵超构，浙江省瑞安县（今浙江文成县）人。笔名"沙""林放"。中国民主同盟盟员。1910年生。1934年毕业于中国公学大学部，即入南京《朝报》任编辑。1938年参加《新民报》，任重庆《新民报》主笔、副总主笔。1944年，参加"中外记者团"访问延安，比较客观地报道中国共产党领导的陕甘宁边区各方面的情况，对于当时国统区人民增进对陕甘宁边区生活的认识起了一定影响。在访问延安中，得到毛泽东、周恩来等同志的接见，并且接触到延安各方面的生活实际，受到深刻的教育。1946年5月，自重庆去上海，参与上海新民报的创办工作，历任上海新民报晚刊的总编辑、总主笔、社长等职。1949年担任第一届全国政治协商会议代表。以后连续当选为一、二、三、四、五届全国人民代表大会代表。现任上海新民晚报社社长、第六届全国政治协商会议常务委员会委员、全国新闻工作者协会副主席、上海市政协副主席等职。出版有新闻通讯集《延安一月》（1944年）、杂文集《世象杂谈》（1985年）、《未晚谈》（1986年）等书。

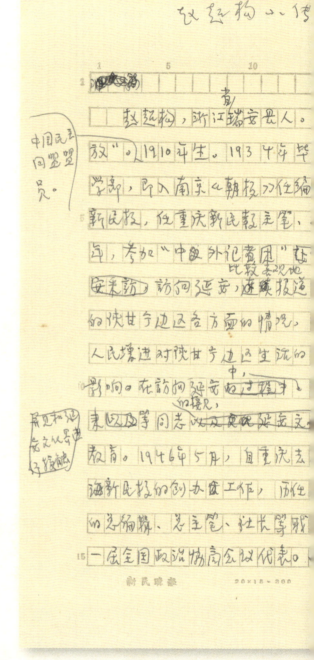

林放不老

大本、而木鼠之后，有大鼠撑腰。故投鼠
亦非简单。既可以指社会主义制度，也可以指
者。

二、三、四、五届全国人民代表大会代表。现役上
海新民晚报社社长、第……六届全国政协协商会
组部委员会委员、全国新闻工作者协会副主
席、民盟上海市民情副主席、晚瞿上海平事与
学戏。出版有《延安一月》（1944年）、《世界
新闻通讯集《延安一月》（1944年）、杂文集《世
界杂说》（1985年）和《未晚谈》（1986年）等书。

新民晚报

《赵超构小传》手稿

百姓家

1992 年《养生台历》

文成县博物馆藏

赵超构有在台历上记事的习惯。这本《养生台历》为《文汇报》高级记者全一毛所赠，这是赵超构最后一年的台历，最后带到华东医院，上面有他最后的手迹。

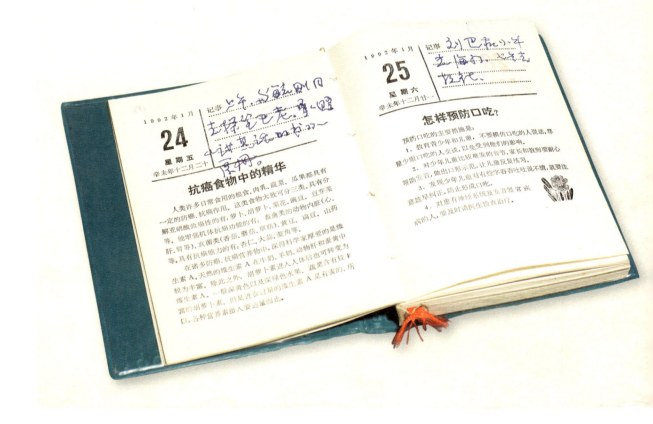

1992年1月

1 星期三

辛未年十一月廿七　元旦

记事　上午市政协团拜、午赴报社、吃饭

饮食六宜

饮食调和是一门养生的学问。中医认为，饮食调和则脾胃安泰，主张"饮食六宜"：1. 宜早。人经一夜睡眠，肠胃空虚，清晨进些饮食，精神才能振作，故早餐宜早。2. 宜缓。吃饭细嚼慢咽有利于消化，狼吞虎咽，会增加胃的负担。3. 宜少。人体需要的营养虽然来自饮食，但饮食过量也会损伤肠胃等消化器官。4. 宜淡。饮食五味不可偏亢，多吃淡味，于健康大有好处。5. 宜暖。胃喜暖而恶寒。饮食宜温，生冷宜少，这有利于胃对食物的消化和吸收。6. 宜软。坚硬之物，最难消化，而半熟之肉，更能伤胃，尤其是胃弱年高之人，极易因此患病。所以煮饮食食须熟烂方食。

扉页，全一毛题："祝林放老师健康长寿！"

1月1日：上午市政协团拜、午赴报社、吃饭

1992年1月

3 星期五

辛未年十一月廿九

记事　感冒　写好追悼铸成之文章

乳母服药须知

哺乳期妇女使用药物时，在考虑到药物对母亲的疗效的同时，还要想到药物对婴儿的影响。几乎乳母服用的所有药物都能在乳汁中发现，有些药物排泄量较大，更应严格控制。如服用红霉素、氯霉素片剂，乳汁中都会有药物成分。前者会损害婴儿肝脏，后者可引起婴儿腹泻、呼吸功能不全等后果。更不要静脉注射红霉素。也不要使用四环素、链霉素、卡那霉素。乳母连续两周磺胺异噁唑，可使婴儿发生核黄疸。乳母在哺乳期不要服用类固醇类避孕药，更要避免服用镇静安神类药物，如吗啡、冬眠灵、安定等。

乳母患有维生素 B_1 缺乏症时，其乳汁对婴儿是有毒的。为了防止中毒，所以应该给母婴尼够的维生素 B_1。

1月3日：感冒
　　　写好追悼铸成兄的文章

1992年1月

7 星期二

辛未年十二月初三

记事　铸成同志告别会

天寒谨防脑溢血

气温下降，可使人的交感神经兴奋，导致血管收缩，血容量相对增多。此时若遇劳累、醉酒、情绪激动等诱因，容易发生脑溢血。

因此，高血压病人应坚持服用降压药，防止情绪激动，避免过量的运动和劳累，饮食宜清淡，不过饱，不饮酒。一旦病人出现剧烈头痛、头昏、恶心、呕吐、视物模糊、鼻子出血、语言障碍、一侧肢体麻木等症状，要立即送往医院治疗，以防发生意外。

1月7日：铸成同志告别会

1992年1月 8 星期三 辛未年十二月初四

记事：永别了，铸成同...

保健防病好食品——醋泡黄豆

黄豆含有35～40％的植物蛋白和约达18％的脂肪，还有丰富的维生素 B_1 和E、钙和食物纤维。醋里含有醋酸、枸橼酸等等多种有机酸，可在体内产生出热能。醋还有降低血中胆固醇、抑制血压升高的作用。醋泡黄豆有益健康，能收到防病治病的效果。醋泡黄豆的做法，准备好一个密闭的玻璃瓶，先将黄豆洗净，晾干后装进瓶内，约占瓶高的三分之一，加入醋至瓶的三分之二高度。豆泡胀后会和醋表面一样高，这时加入一厘米厚的醋层。如此反复补充几次醋后，密封瓶盖，放置7～10天，然后随时取出食用几十粒。有溃疡病的人不宜吃醋泡黄豆。

1992年1月 9 星期四 辛未年十二月初五

记事：上午赴社。下午偕谈翁雨兄探望镜人同志

壮阳益精食谱三则

1．鲜虾炒韭菜。原料：新鲜河虾250克，鲜嫩韭菜100克，花生油100克，黄酒、酱油、醋、姜丝等调料少许。制作：将虾洗净，韭菜洗净切寸段，先以油煸好虾，烹黄酒，酱油、醋、姜丝等调料，再加入韭菜煸炒，嫩熟即可。功效：经常食用可补虚助阳，辅治阳痿症。2．麻雀粥。原料：麻雀5～10只，大米100克，葱白3根，酒少量。制作：将麻雀洗净炒熟，放入白酒稍煮，再加水和米煮粥，待粥将熟时，加葱白3根，再煮沸一、二次即可。功效：壮阳，暖肾益精，辅治阳痿不育。3．山药汤圆。原料：生山药150克，白糖150克，胡椒粉少许，糯米水磨粉250克。制作：山药洗净，煮熟，去皮，加白糖、胡椒粉，调成饴泥，用糯米粉包成汤圆。功效：补肾滋阴，辅治精亏无嗣症。

1月8日：《永别了，铸成同志》一文见《文汇报》
1月9日：上午赴社。下午偕谈翁雨兄探望镜人同志

1992年1月 10 星期五 辛未年十二月初六

记事：将张镜人同志诗三首交夜光杯

婴儿夜啼与维生素D

婴儿夜啼的原因很多，其中一个是由于婴儿发育过快，母乳中原有的微量维生素D已不能满足婴儿的需要，因此造成维生素D的缺乏，影响了婴儿对钙的吸收利用。缺乏钙，会影响神经的稳定性。因此，维生素D的缺乏，可造成婴幼儿遇惊（特别是夜间），就不停地啼哭，即婴儿夜啼症。

维生素D缺乏，是完全可以避免的。春夏，初生的婴儿满月后，可抱出室外接触阳光。秋冬，初生的小孩，在3个月后方可抱出室外，以防感冒。还要注意正确的膳食。在婴儿2个月时，每日加服适量的浓缩鱼肝油和钙片，即可达到预防婴儿夜啼的目的。

1992年1月 11 星期六 辛未年十二月初七

记事：民盟常委会开会，上午出席半天

睡眠的十宜十忌

良好的睡眠是解除疲劳、恢复体力、保持健康的重要保证。我国的养生家对此积累了丰富的经验，并归纳为十宜十忌。

一、临睡：
1．晚服宜适宜，忌过饥过饱。2．饭后宜小劳，忌饱后即卧。3．入睡宜室静灯暗，忌高烛喧哗。4．神宜宁静，忌躁动不宁。

二、睡眠：
5．睡宜右侧，忌伏、仰。6．头宜向南，忌向北。7．睡宜避风，忌贪凉。8．睡宜露首，忌蒙头大睡。9．醒后宜动，忌懒睡。10．宜顺乎自然，忌反常。

1月10日：将张镜人同志诗三首交"夜光杯"
1月11日：民盟常委会开会，上午出席半天

1992年1月 13 星期一 辛未年十二月初九

记事 张诗见报

家庭用药的外观检查

许多家庭都有小药箱，一段时间后，应对药品进行外观检查，如发现下列情况，应坚决舍弃不用。

片剂：药片松散、变形、发粘、变色，表面有斑点，或糖衣裂开、粘连。

散剂：吸潮结块，发霉粘连。

胶囊：变软、破裂，内容物变质。

糖浆、水剂，发霉、有絮状沉淀。

易受潮变质的药品有：维生素C、阿斯匹林、干酵母、乳酶生、薄荷喉症片等；易受光线影响而变色的药品有：碳酸氢钠、氯丙嗪等；易受温度、湿度影响的药品有：鱼肝油和各种糖浆等。

1月13日：张诗见报

1992年1月 14 星期二 辛未年十二月初十

记事 上午 打针 去报社

不能与食物同时服用的药物

大多数口服抗生素，如口服青霉素类药物、红霉素口服片（除肠溶片和无味红霉素）、利福平、口服洁霉素、氯洁霉素等，宜在餐前一小时或餐后两小时服药，否则会降低药效。口服青霉素制剂不要与酸性果汁饮料同服，至少间隔一小时较为合理。

四环素类抗生素不能同牛奶及其他含钙较多的食物同服，这已为许多读者所知，近来研究发现，所有食物都可减少口服四环素类药物（包括土霉素、金霉素、四环素、甲烯土霉素等）的吸收，所以，应在餐前一小时或餐后两小时服药。

1月14日：上午打针。去报社

1992年1月 16 星期四 辛未年十二月十二

记事 "扫六害"一文见解放日报

下午 四时
江泽民同志会
见各界人士

干吞药片不可取

有些人吃药片不用温开水吞服，把药片往嘴里一塞，干吞下去，这种服药方法不可取。

很多药物对食道粘膜有刺激性，如阿斯匹林、氯化钾、盐酸氯丙嗪、硫酸亚铁等，如果干吞，药片在食道内停留时间过久，就会造成粘膜损伤，最常见的是浅表性溃疡，严重的会导致出血。食道粘膜损伤可在服药后不久出现，也可以在数周或数月后出现，这种由药片损伤所造成的溃疡，往往难以治愈，有时甚至需进行手术治疗。

不论服片剂或胶囊，都必须用温开水送下。在服药前先喝一口水，润滑一下食道，药片放入口中再喝一小杯水，最好是采取立位或坐位服药，切忌躺着服或服药后立即躺下。

1月16日：下午四时，江泽民同志会见各界人士。《扫六害》一文见《解放日报》

1992年1月 18 星期六 辛未年十二月十四

记事 下午四时半
eid 同志在展览中心合影

须同时进食或补充食物的药物

安定、呋喃咀啶、苯妥英钠、酰脲味隆（痛惊宁）如在进餐时服用，可增加药物的生物利用度。灰黄霉素易溶于油脂性食物中，服药时可多进食这类食物，有利于药物的吸收。使用呋喃咀啶、乌洛托品、四环素类治疗尿路感染时，食用能使尿液偏酸性的食物（如肉、鱼、鸡、扁豆、玉米、咸肉、面包），可以提高尿液内药物的浓度，大大提高抗菌效果。长期使用口服避孕药和用维霉素治病的患者，可发生叶酸缺乏，会出现疲劳、苍白、神经过敏、易激动、胃肠功能失调等症状。如服用能补充叶酸的食物（如绿叶蔬菜、肝、肾、酵母等），可防止这些症状的出现。服用上述药物的妇女，应多食豆类，蛋黄等其他富含维生素B$_6$的食物。

1月18日：下午四时半 eid 同志在展览中心合影

1992年1月

22

星期三

辛未年十二月十八

走路健身防老六法

1. 安步当车。上下班，上街外出，少坐几站车，用较快的速度行走。2. 饭后百步走。饭后坚持散步，速度宜缓慢，一般可在晚饭后进行，有益于消化吸收和安眠。3. 上下楼梯。俗话说："登楼益寿"。可根据自己的体力，尽量加速上楼步伐；下楼较省力，可顺势而使全身机体受到功能性锻炼。4. 假日郊游。节假日，全家或夫妻俩作徒步郊游，观赏游览，不仅增添生活乐趣，还可使机体各器官得到锻炼。5. 登高爬坡。有上有下有攀登，练的劲更全面。6. 持之以恒。在步行锻炼的基础上，增加竞走、快慢步结合、慢跑等项目，循序渐进，坚持不懈。

1月22日：夜，陈培余同志来访，交还《延安一月》及资料。

1992年1月

24

星期五

辛未年十二月二十

抗癌食物中的精华

人类许多日常食用的粮食、肉乳、蔬菜、瓜果都具有一定的防癌、抗癌作用。这类食物大致可分三类，具有分解亚硝酸致癌性的有，萝卜、胡萝卜、菜花、豌豆、豆芽菜等。能增强机体抗癌功能的有：畜禽类的动物内脏（心、肝、肾等）、真菌类（香菇、蘑菇、草菇）、黄豆、扁豆、山药等。具有抗癌能力的有：杏仁、大蒜、菱角等。

在诸多防癌、抗癌营养物中，深得科学家厚爱的是维生素A。天然的维生素A在牛奶、羊奶、动物肝和蛋黄中较为丰富。除此之外，胡萝卜素进入人体后也可转变为维生素A。一般深黄色以及深绿色水果、蔬菜含有较丰富的胡萝卜素，但是进食过量的维生素A是有害的。所以，各种营养素摄入要适量而止。

1992年1月

25

星期六

辛未年十二月廿一

怎样预防口吃？

预防口吃的主要措施是：

1. 教育青少年和儿童，不要模仿口吃的人说话，尽量少跟口吃的人交谈，以免受到他们的影响。

2. 对少年儿童比较难发的音节，家长和教师要耐心帮助发音，做出口形示范，让儿童反复练习。

3. 发现少年儿童对有些字吞吞吐吐说不清，就要注意趁早纠正，防止形成口吃。

4. 对患有神经系统及发音器官疾病的人，要及时请医生检查治疗。

1月24日：上午，与毓刚同去探望巴老。承赠《讲真话的书》一厚册。
1月25日：刘巴（芭）和小牛去海门。上午去报社。

1992年1月 27 星期一 辛未年十二月廿三

记事 夜胸闷

切勿强忍大小便

夜间忍尿有两个不好的后果，一是影响下半夜的睡眠，二是容易引起泌尿系统的感染。血压高的中老年人，尿液较多贮留在膀胱中还会引起生理和心理上的紧张，促使血压上升。

患有高血压、痔疮和脱肛的人，特别是老年人，如有便意，也不要强行忍着。强忍大便会使便意消失，以后可能很久不再会有便意。同时，粪便在肠中停留时间过长，容易形成痔疮。已有痔疮者，则会变得更严重。粪便过硬，大便时就要更加屏气用力，原有脱肛者症状将更严重。有高血压的人，屏气用力过大，会使血压升高，弄不好脑部微血管破裂出血，发生中风昏迷，那更麻烦了。

可见，强忍大小便危害不少。

1月27日：夜胸闷

1992年1月 28 星期二 辛未年十二月廿四

记事 住院

腹胀的自我治疗

腹部胀气，大多数人都经历过。腹部胀得鼓鼓的甚感不适，有时还会大声打嗝，或者不断排气，给人带来诸多不便。

引起腹部胀气的原因很多。对于暂时找不到原因的，可采取下述自我治疗的方法。

要养成良好的卫生习惯。吃饭要细嚼慢咽，不要吃得过饱，更忌暴饮暴食，饭后宜散步，晨起要排便。

积极参加体育活动，并锻炼腹肌，以促进胃肠蠕动的能力，使气体容易排出体外。

少吃容易产气的食物，如各种豆类、红薯、栗子、花生、奶制品等。

配合服用消除腹胀、帮助消化的药物。

Zinacef 二次/日

1992年1月 29 星期三 辛未年十二月廿五

记事 用呼吸器 Bipap S/T-D ventilatory support system

老年人清肠可延年益寿

老年人要养成清肠习惯，即每隔2～4天有意识地停食一顿，或进食量改为三分之一，以清除积存在肠胃里的残渣、细菌。这对延年益寿，大有好处。

谨防心理影响视力

成年人视力锐减与心理因素有关。中心性视网膜、脉络膜病变是一种较常见的眼病，见于成年人。患者视力可突然明显下降。眼科医生发现，这种眼病的发生与心理因素极为密切。据临床统计，90％以上的患者心理得到抚慰后，眼病可获痊愈。因此，进行药物治疗时，不要勿视心理治疗。

1月28日：住院
　　　　　Zinacef：二次 / 日
1月29日：用呼吸器　Bipap S/T-D Ventilatory Support System

《新民报》防空洞入洞证

赵超构记者证　编号新民晚报 0001

文成县博物馆藏

赵超构用眼镜
文成县博物馆藏

赵超构用助听器
文成县博物馆藏

赵超构用放大镜
文成县博物馆藏

赵超构用搪瓷杯、碗　新民晚报 001 号
新民百年报史馆藏

赵超构用笔筒
文成县博物馆藏

赵超构诗抄剪贴本

六州歌头

——读《周恩来统一战线文选》

叶圣陶

生民困，一心萦。天下乱，
英才时会，早岁见峥嵘。探前程，
侣赤潇梓，西欧派，马恩学，研磨
候，悟亲生。一自参持党政，彻终始
统战躬行。值其人其事，再三评，示
知识界，语出掬真诚。
党派内，准绳明，意丁宁。五原则
老輦，切身经。坚持学与改，宛年青，
止，立足奉陪地。五原则，共和平，
见丰功统战，不先发特地，感臻无
际。举世沐高情。千古垂名。

一九八五年一月十日作

109 engage (one's attention 意人注意) 注意一直隐 以免 使人知 也

be secure oneself from (against) 注意一直隐 以免 使人知 也

... Its object was nothing less than to secure her ...

of Collins addresses, by engaging them to ...

110 Waive | such a solicitation must be waived for ...

engage on 从3於 | engaged on a work

engage with 从3於 | engaged with the revision of ...

engage oneself in (studing) 从3於

engage oneself to (the goal) 订婚 | engage on ...

111 avail oneself of (an opportunity) be of avail ...

Concurrence | you may depend upon my not to ...

112 step so material a step without her ladysh ...

take offence 生气受气 | We shall take no of ...

give (cause) offence to 冒犯. 得罪. 使生气.

decorum 端庄礼貌 | her astonishment was so gr ...

113 called into action 一起>动起来. | Thus he c ...

his muscle 使 他的肌肉 活动起来.

114 Courtier | to work out and carry th ...

carry through | (推论) 推 ...

two inferences (结论) were plainly deduce ...

what inference do you draw from his ...

quick at retort 善于回答 | Sour-looks ...

deduce 推得. | induce 诱导. | infer 推 ...

116 close with | I did not close with the offer ...

We are forced to close with ...

117 recur in the mind (memory) 又出 ...

too much for us) 记得.忆. 却忆下来.受不 ...

118 preserve from = to keep safe or free ...

Let us be thankful that you are pres ...

such insensibility ...

Despotism is making way for d ...

林
苍
不
老

extenuate   oblition   hear from   thordy

encroach on   jilt   in conjuction with

throw back   think poorly of

set oneself against 反对 I only want to think you perfect. and

encroach = trepass. The sea is encroaching on the land.

.119 encroach = trepass. The sea is everything on the land.
.125

throw back 光. 反射. 反驳. 拒绝. 回敬. 经得逃往代的回忆

throw back an insinuation | throw back our offer.   generations

there is a tendency in some animals to throw back for several ^

121 make allowance 体谅 you do not make allowance enough for

difference of situation.

in conjunction with He opened a store in conjunction with

122 my brother

extenuate | nothing can extenuate his base conduct.

He pleaded poverty in extenuation of the theft.

123 out do oneself 得到空前成绩. 扮外努力. not to be outdone, he tried again.

canvass | He is canvassing for the conservative (保守的)   candidate

call from (Collins was called from his amiable Charot.

be a favourite with (her nieces) 是一个宠儿. 是一个中意的.

take an active part = take an active interest in 二十分. 积极. 关加.

125 jilt | His girl jilt him. | He will jilt you creditably.

thwart | His family thwarted his plan.

think poorly of 不看得起. 不说好话. | He is very poorly (身体不舒服)

poorly off (过不去)

ablution | He would hardly think a month's ablution enough

to cleanse him from its impurities.   opinion.

laugh out of 笑得使放弃某. 得不比. they laughed him out of his ^

laugh one out of one's resolution 笑得人变了决心.

128 it would the best way to laugh it off 一笑置之.

I warned him against it. but in vain.

129 hear from 有一信息 I hear from him now and then.

130 Elisa soon heard from her friend. 她很快就得到她的来信.

incapable be incapable of triumphing

131 be incapable of — ing 不会做. She was very wrong in singling me out

single out 选出.

赵超构英语笔记本
文成县博物馆藏

131

红楼版本简介

（一）脂怡本（己卯本）性质是脂砚斋本，正本八十回，此书现存三十八回。前五回而失掉的缺六回在另说"脂怡本"欲看高鹗补作所用之两个半回。据说……

（二）脂京本庚辰本，此本现存七十八回。本来八十回，中缺六十四、六十七两回，以缺之是有抄本。

（三）脂残本（甲戌本），原存八十回，残存十六回。

（四）脂怡戚本（有正本），有八十回，为补之本。

（五）脂……

（六）脂行补本残……
脂府本，讲举者正将被抄本"……"十卷，一至二十四回，两至八十四。

（七）脂……本（甲辰本）材之完……者。
原本"红楼梦"，八十回。宜，一九六三……

…红楼梦的八十回抄存者……
牛口…院…抄行前，乾隆…
正式成名，"红楼梦"。
……
（两回）和……序庚辰本，红楼梦抄…

一九七四，程伟元特曹雪芹原来……
"红楼梦"的八十回和为翻得作"……
的四十回，一代刊行（程甲本）。这以后……
修改。一九二，程、高之第二次重印（程乙本）去补……
即时代。一九二程高之重刊行《程乙本》……
修改，再次刊行《程乙本》去补……
子中付为红楼梦……
斗年锋之。

赵超构书《柳亚子先生百岁纪》

千秋诗史，

一代词宗；

慨当以慷，

南社雄风。

赵超构

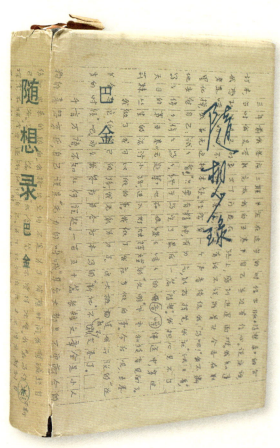

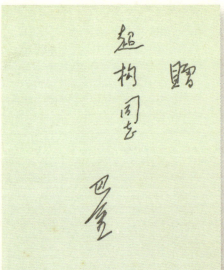

《随想录》

巴金签赠赵超构

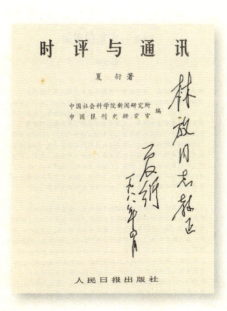

《时评与通讯》
夏衍签赠赵超构

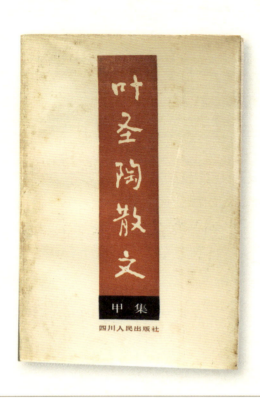

《叶圣陶散文》
叶圣陶签赠赵超构

超构先生 惠存
著者

超构老友 指教
赵家璧
84.10.24

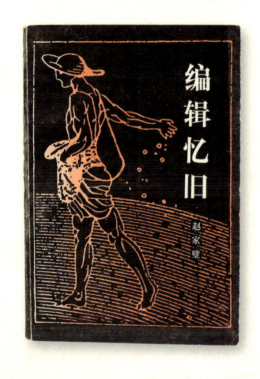

《编辑忆旧》
赵家璧签赠赵超构

《报海旧闻》
徐铸成签赠赵超构

《煮字生涯》
柯灵签赠赵超构

百姓家

《战地萍踪》
陆诒签赠赵超构

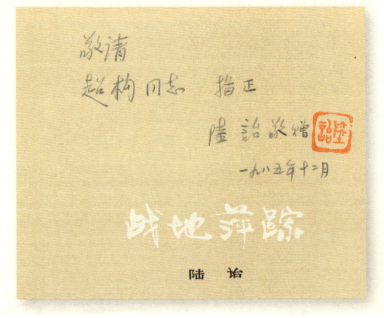

办文签条

赵老赐鉴：

送上拙作《战地萍踪》
一册，敬祈批评、指正！这不
是套话，因为我还在写续篇，
您的中肯批评，将大大帮忙
我努力改进写作。专此敬颂
撰祺！

陆诒上
一月二十日

随书附陆诒致赵超构信

赵老赐鉴：

送上拙作《战地萍踪》一册，敬祈批评、指正！这不是套话，因为
我还在写续篇，您的中肯批评，将大大帮忙我努力改进写作。专此敬颂
撰祺！

陆诒上

一月二十日

百姓家

公今度杂文选集

复旦大学出版社

《公今度杂文选集》
徐震签赠赵超构

公今度杂文选集

复旦大学

老将：

　　复旦出版社出了我一本杂文集，是近十年的作品。送上一本，请前辈指正。

　　原书未有序言，出版社意思还是要有，我就把您为我以前书写的序言放上去了，在《后记》里作了解释，但因事出仓促，未征求您的意见，希望能原谅。祝

好！

徐震
87.7.4.

随书附徐震致赵超构信

老将：

　　复旦出版社出了我一本杂文集，是近十年的作品。送上一本，请前辈指正。

　　原书未有序言，出版社意思，还是要有，我就把您为我以前书写的序言放上去了，在《后记》里作了解释，但因事出仓促，未征求您的意见，希望能原谅。祝

好！

徐震

87 年 7 月 4 日

1991 年，赵超构（前中）与张林岚（前左）等老同事同游昆山亭林公园，此为赵超构最后一次离沪出游。

第

六

章

　　新民晚报社，是赵超构先生服务毕生的所在。他的思想、情感、事业、作品、荣耀、朋友乃至家人，汇聚于此。今天，我们将一批与《新民晚报》、赵超构先生密切相关的重要文物，整理汇集。在这里，不仅有郭沫若、赵朴初、王蘧常、启功、华君武、贺友直等名人的墨宝，同时也有陈铭德、张慧剑、程大千、姚苏凤、冯英子、钱谷风、张林岚、沈毓刚、董天野、乐小英、冯小秀、郑辛遥等几代新民报人的作品。这是一个以"新民"为名义的雅集，殊为难得。

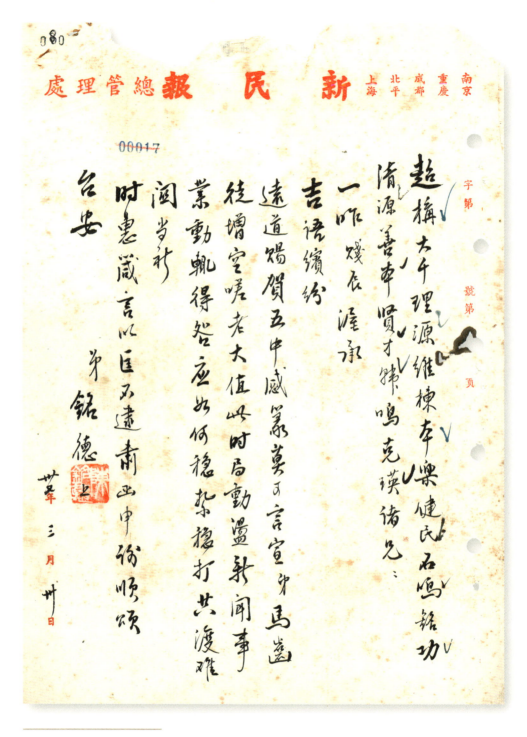

新 民 報 總管理處　南京　重慶　成都　北平　上海　字第　號第　頁

超构大千理源维栋本乐健民石鸣铭功

清源善本贤才辈鸣克瑛诸兄：

一昨残在涯承

吉语缤纷

遥道锡贺五中感篆莫可言宣忽焉岁

徒增空嗟者大值此时局动盪新闻事

业勤辄得咎应如何稳紮稳打共渡难

阅岁耔

时惠藏言以匡及远肃此申颂顺颂

台安

　　　　弟铭德 [印]

卅年三月卅日

陈铭德致赵超构等信

上海市档案馆藏

超构大千理源维栋本乐健民石鸣铭功清源善本贤才韩鸣克瑛诸兄：

一昨贱辰渥承

吉语缤纷，

远道赐贺，五中感篆，莫可言宣。弟马齿徒增，空嗟老大。值此时局动荡，新闻事业动辄得咎，应如何稳扎稳打，共渡难关，当祈时惠箴言，以匡不逮，肃函申谢。顺颂

台安

弟　铭德上

卅七年三月卅日

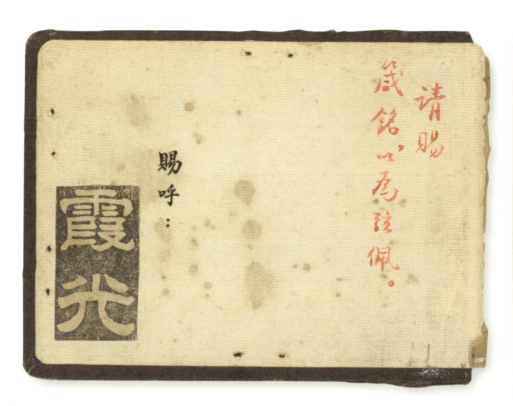

霞光册（老报人题签本）

请赐

箴铭，以为弦佩。

赐呼："霞光"

*郑霞光，《新民报》原校对员，

听障人士。为他题签的有包括赵超

构在内的许多《新民报》老报人。

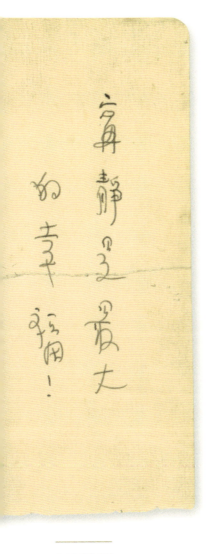

林放不老

赵超构题

宁静是最大的幸福！

赵超构

一九五○年九月十日

赵超构题

采采流水，蓬蓬远春。窈窕深谷，时见美人。
碧桃满树，风日水滨。柳荫路曲，流莺比邻。

一九五○年为霞光兄题"宁静是最大的幸福"，此种"黄老思想"，我在思想改造中，曾加以深刻的批判，因重题一章，歌颂祖国的春天，以补我过。

一九五四年新春

赵超构

陈铭德题

　　少说话，多做事，搞好生产，为劳动大众的模范。

谨赠

霞光兄

　　　　　　铭德

　　　　一九五〇年九月九日

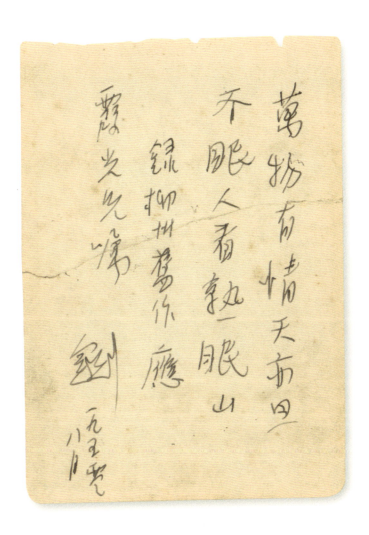

张慧剑题

　　万物有情天亦思，不眠人看熟眠山。录柳州旧作应

霞光兄嘱

剑

一九五〇（年）八月

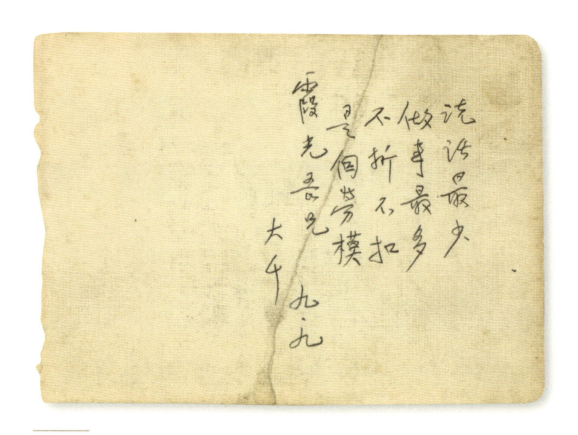

程大千题

　　说话最少，做事最多，

　　不折不扣，是个劳模。

霞光吾兄

　　　　大千

　　　　九月九日

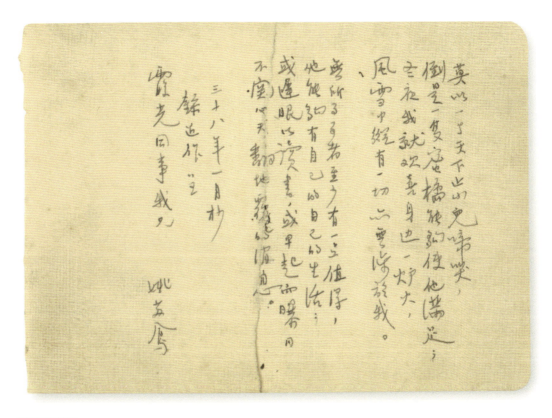

姚苏凤题

　　莫以一个天下止小儿啼哭，倒是一只蜜橘能够使他满足；冬夜我就欢喜身边一炉火，风雪中纵有一切亦无涉于我。

　　无所事事者至少有一点值得，他能够有自己的自己的生活；或迟眠以读书，或早起而曝日，不关心天翻地覆的消息。

　　三十八年一月抄录近作呈

霞光同事我兄

　　　　　　　　　　　姚苏凤

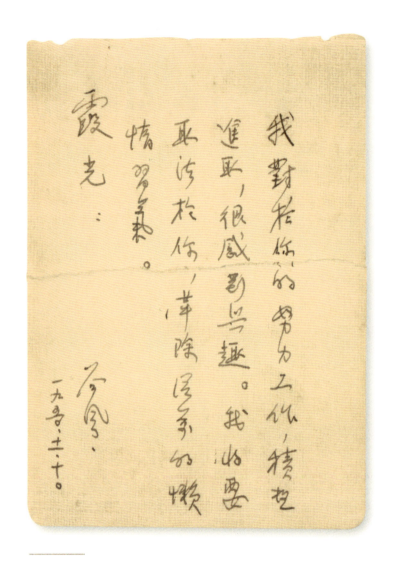

钱谷风题

　　我对于你的努力工作，积极进取，很感到兴趣。我将
要取法于你，革除从前的懒惰习气。

霞光：

谷风

一九五〇年十一月十日

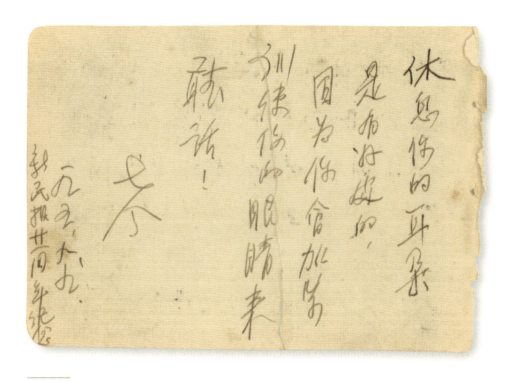

赵戈题

休息你的耳朵是有好处的，因为你会加紧训练你的眼睛来听话！

戈今

一九五（〇）年九月九日　《新民报》廿一周年纪念

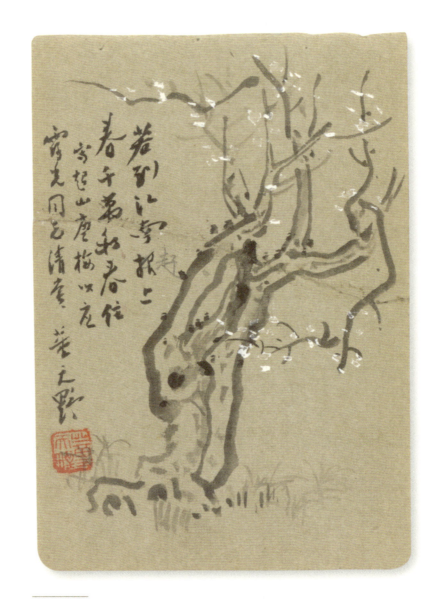

———————

董天野作

若到江南报（赶）上春，千万和春住。写超山唐梅
以应霞光同志清赏

董天野

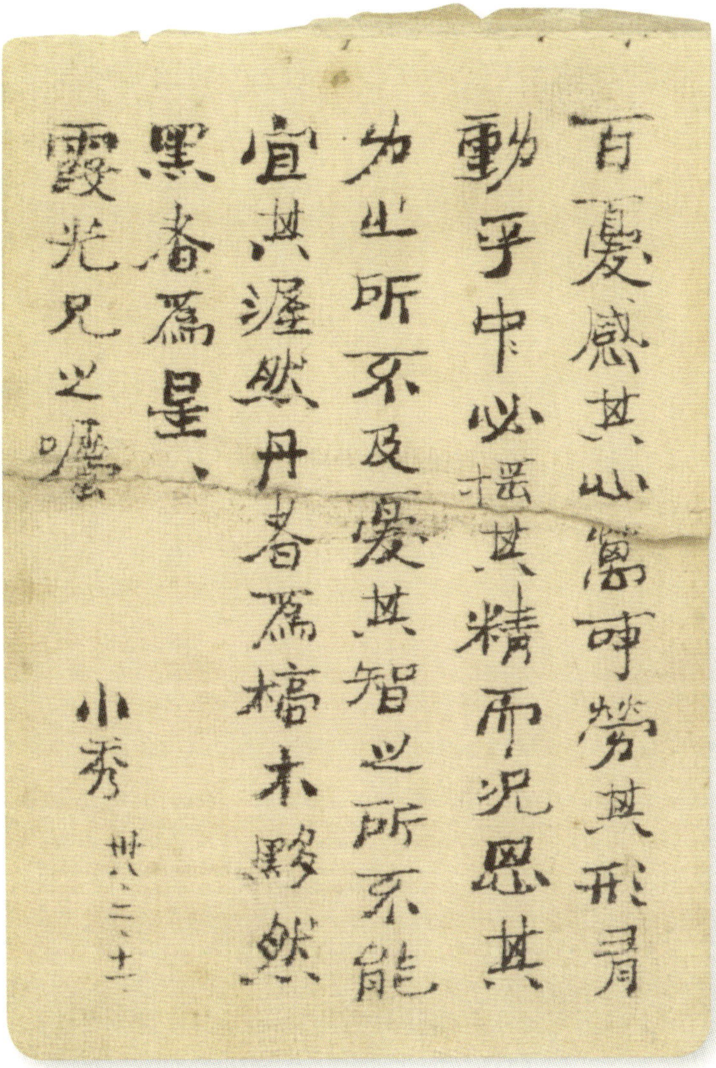
百憂感其心萬事勞其形有
動乎中必搖其精而況思其
力之所不及憂其智之所不能
宜其渥然丹者爲槁木黟然
黑者爲星星、
霞光兄之囑
小秀
卅八、二、十一

冯小秀题

百忧感其心，万事劳其形；有动乎中，必摇其精。而况思其力之所不及，忧其智之所不能；宜其渥然丹者为槁木，黟然黑者为星星。

霞光兄之嘱

小秀

卅八年二月十一日

乐小英作

向为人民新闻事业服务的霞光叔叔致敬。

乐小英
11 月 18 日

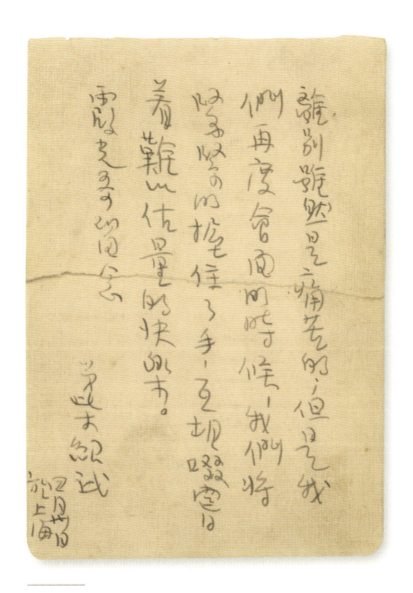

柴绍武题

　　离别虽然是痛苦的；但是我们再度会面的时候，我们将
紧紧的（地）握住了手，互相啜尝着难以估量的快乐。
霞光哥留念

　　　　　　　　　　　　　　弟柴绍武

　　　　　　　　　　　　　　四月卅日于上海

钟庸作

霞光同志留念。

1952 年 6 月 30 日

钟庸

《埋头苦干》 江栋良作

埋头苦干

霞光吾兄

　　　江栋良

一九五二年一月十九日

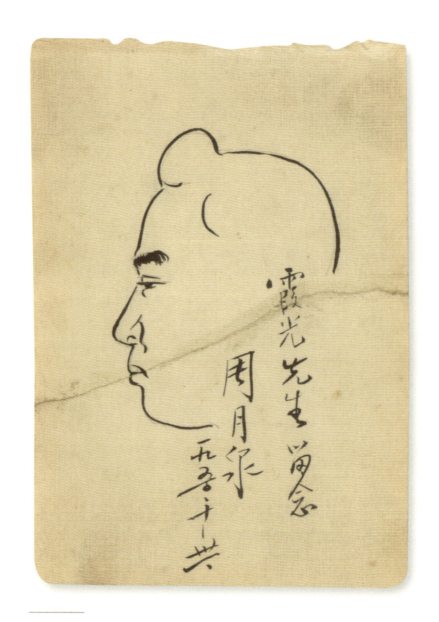

周月泉作

霞光先生留念。

周月泉

一九五〇年十月卅一日

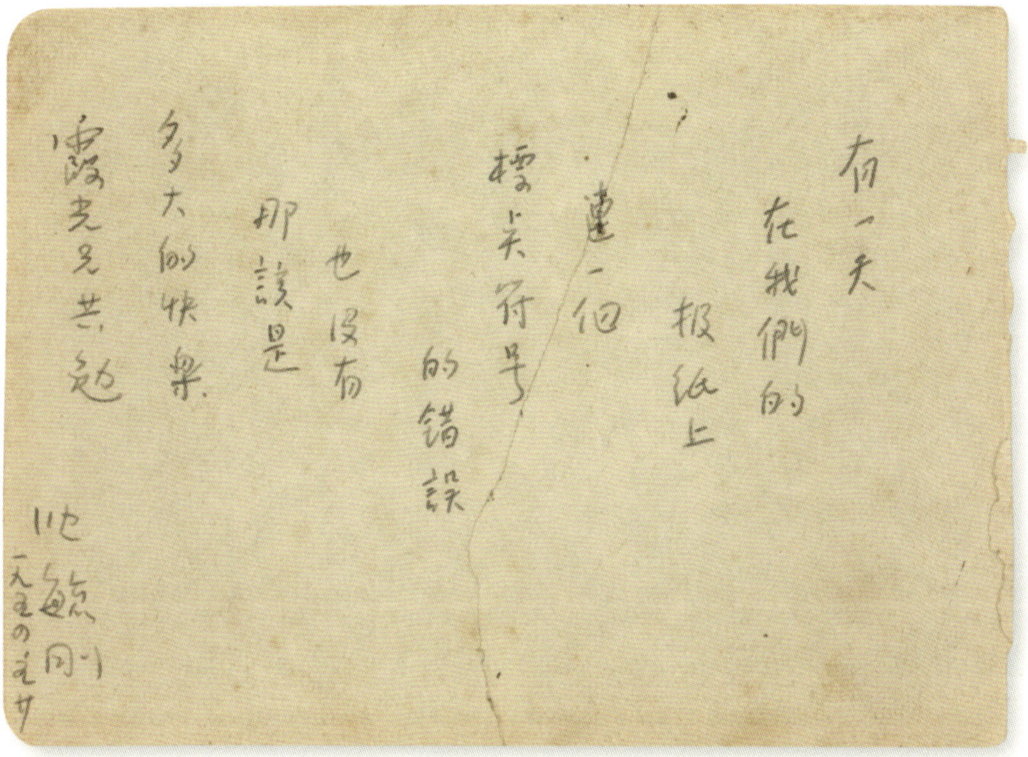

有一天
在我们的
报纸上
连一个
标点符号
的错误
也没有
那该是
多大的快乐
霞光兄共勉

沈毓刚
一九五四年五月廿日

沈毓刚题

有一天，
在我们的
报纸上，
连一个
标点符号
的错误
也没有，
那该是
多大的快乐。
霞光兄共勉

　　　　沈毓刚
　　一九五四年五月廿日

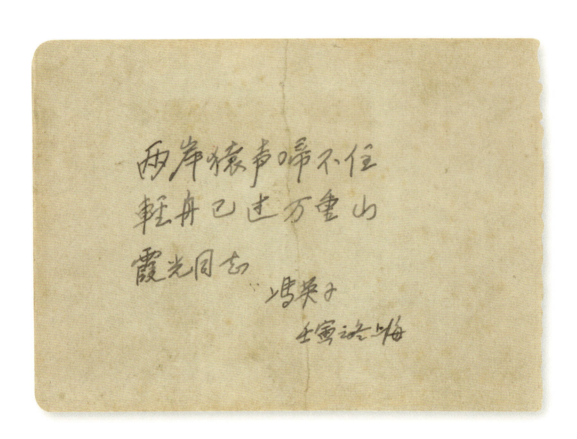

冯英子题

　　两岸猿声啼不住，

　　　轻舟已过万重山。

霞光同志

　　　　　　　冯英子

　　　　壬寅之冬　上海

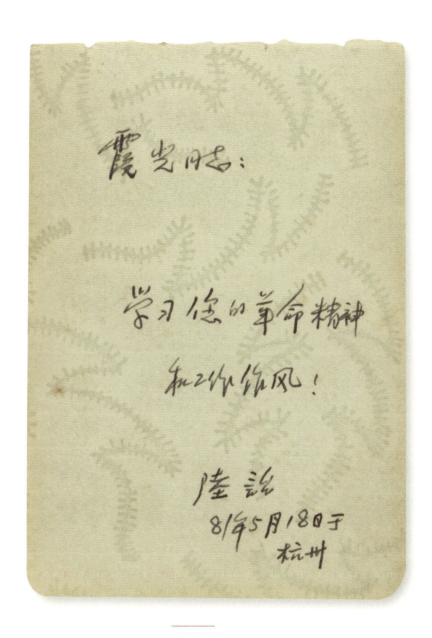

陆诒题

霞光同志:

　　学习您的革命精神和工作作风!

　　　　　　　　陆诒

　　　　81 年 5 月 18 日于杭州

世界寂寞无声，
好像早年电影；
除去俫格闲话，
还有什么可听？
戏作六言打油诗一首，书赠
落霞兄
　　　　萧叔纳

张林岚题

　　世界寂寞无声，
　　好像早年电影；
　　除去俫格闲话，
　　还有什么可听?
　　戏作六言打油诗一首，书赠
落霞兄
　　　　　萧叔纳

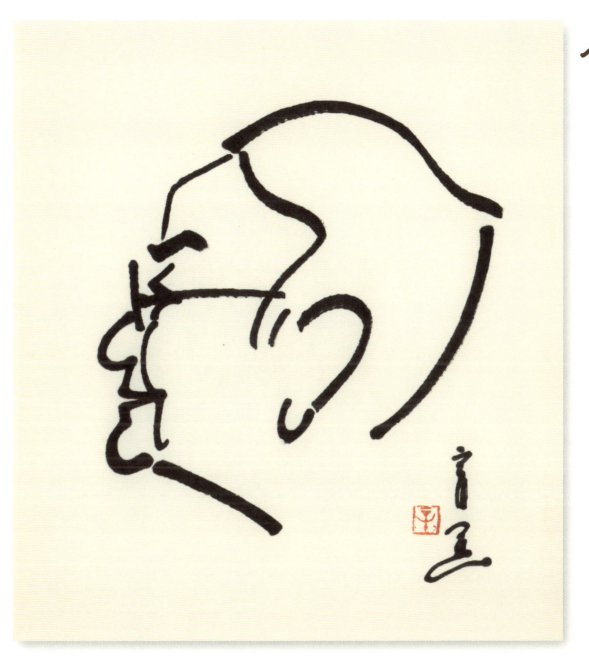

林荻不老

赵超构漫画像　郑辛遥作

1948 年，赵超构（右）与张林岚同游三井花园。

《赵超构传》手稿　张林岚
上海市作家协会藏

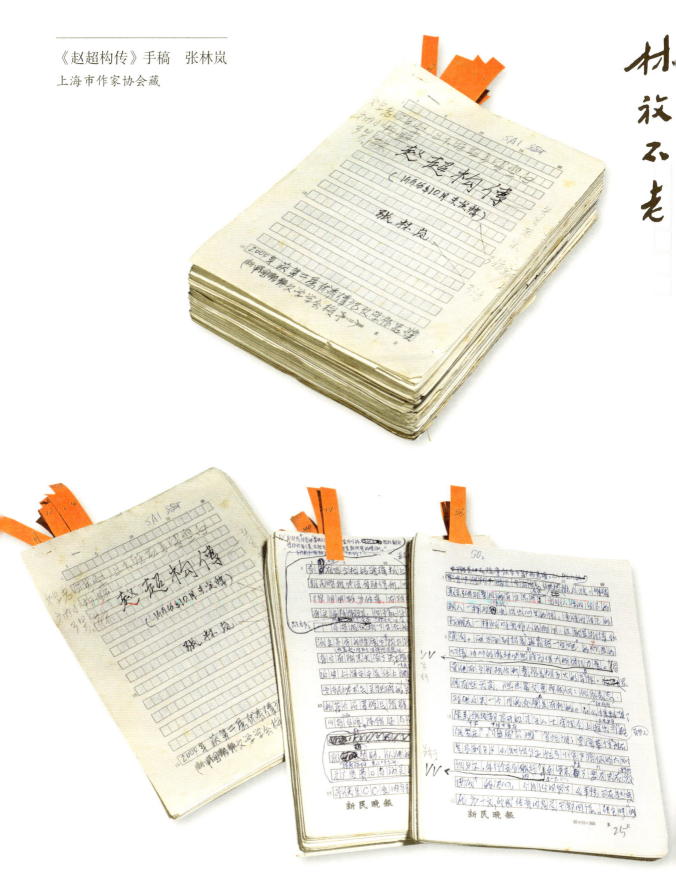

赵超构像

刘显友摄

林荻不老

郭沫若书赠赵超构

庄子书中，每多警语，如"为之仁义以矫之，则并与（仁）义而窃之"。往年不甚了了，今阅世渐深，见有窃民主自由者，始知其言之沉痛。唯庄之失乃在沦于失望耳。

超构先生嘱书，信笔缀此数语就正。

丁亥中秋，郭沫若

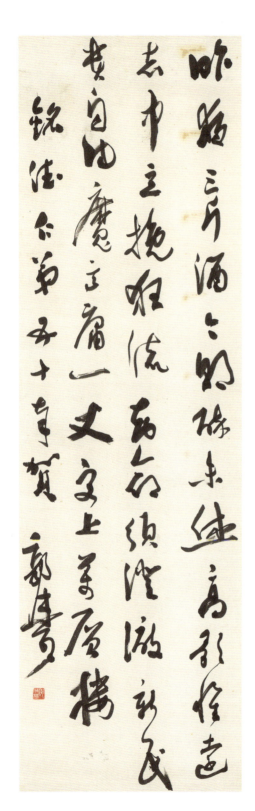

新民江

郭沫若书赠陈铭德

　　昨夜三斤酒，今朝醉未休。高歌惟远志，中立挽狂流。劫命须澄澈，新民贵自由。魔高庸一丈，更上万层楼。

铭德仁弟五十奉贺

　　　　　　　　　　　　郭沫若

把酒問明月

六抱帕流

魔己玄扁一

天南

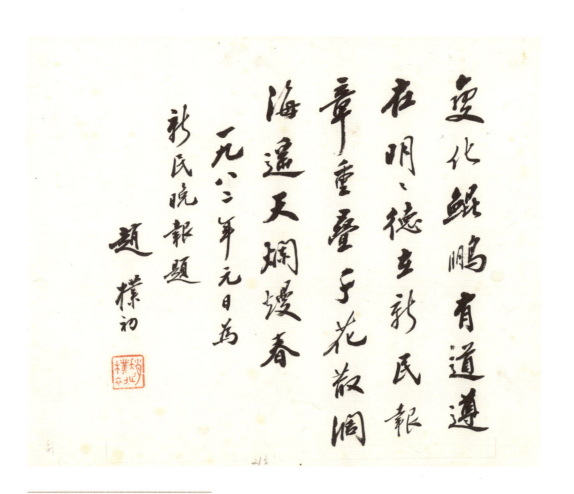

《为新民晚报题》　赵朴初书

赵朴初作诗贺《新民晚报》复刊，刊 1982 年

1 月 1 日复刊首日"夜光杯"。

　　变化鲲鹏有道遵，在明明德在新民。

　　报章重叠千花散，阔海遥天烂漫春。

　　一九八二年元日为《新民晚报》题。

　　　　　　　　　　赵朴初

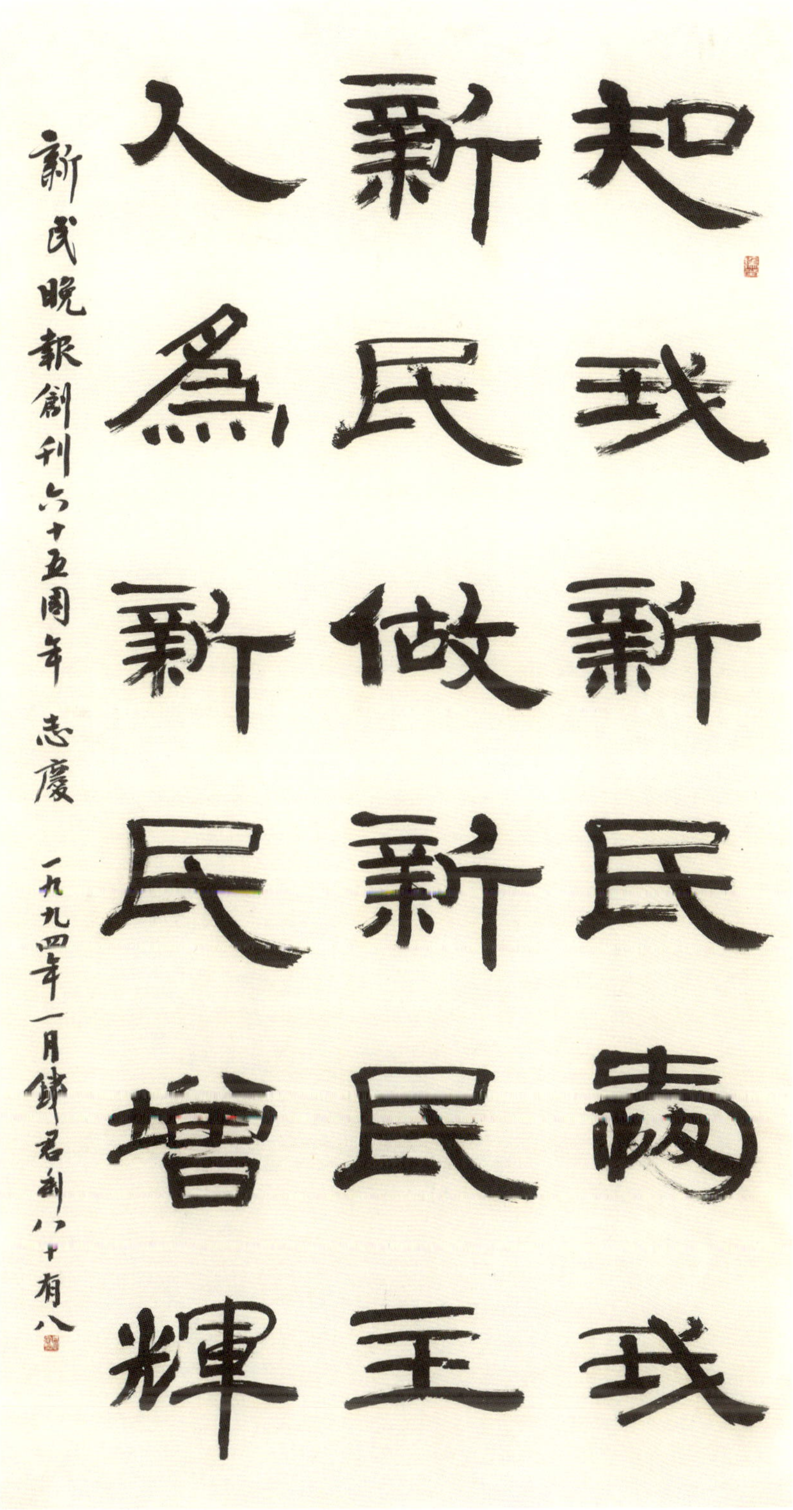

知我新民，爱我新民；
做新民主人，为新民增辉。
《新民晚报》创刊六十五
周年志庆。

新民晚报创刊六十五周年 志庆 一九九四年一月钱君匋八十有八

钱君匋贺

知我新民，爱我新民；
做新民主人，为新民增辉。
《新民晚报》创刊六十五
周年志庆。

一九九四年一月

钱君匋八十有八

新民汇

贺新民晚报创刊六十周年

一代新民手接花甲

多心晚报心念苍生

王蘧学百零九十有一

"一代·多闻"八言联
王蘧常书
一代新民，手接花甲；
多闻晚报，心念苍生。
贺《新民晚报》创刊六十周年，
王蘧常时年九十有一

174

一代新民

多心晚报

業朝一幅新聞紙，覺世醒人六十春。新民本義是親民，文字旁徵小戴記。

一九九九年秋，

新民晚扱日昔，新民扱諸版創刊以來，已六十周年，賦此奉賀！「在新民」出禮記，朱熹改為「新民」。

啟功

林放不老

《贺诗》 启功书

崇朝一幅新闻纸，觉世醒人六十春。

文字旁征《小戴记》，新民本义是亲民。

一九八九年秋，《新民晚报》自昔《新民报》

诸版创刊以来，已六十周年，赋此奉贺！"在

亲民"出《礼记》，朱熹改为"新民"。

启功

高集、高汾贺联

从八岁到八十岁都是好朋友，朝朝晤对；

把家事和天下事化为寻常语，娓娓道来。

《新民晚报》六十年社庆

一九八九年十二月

高集、高汾贺

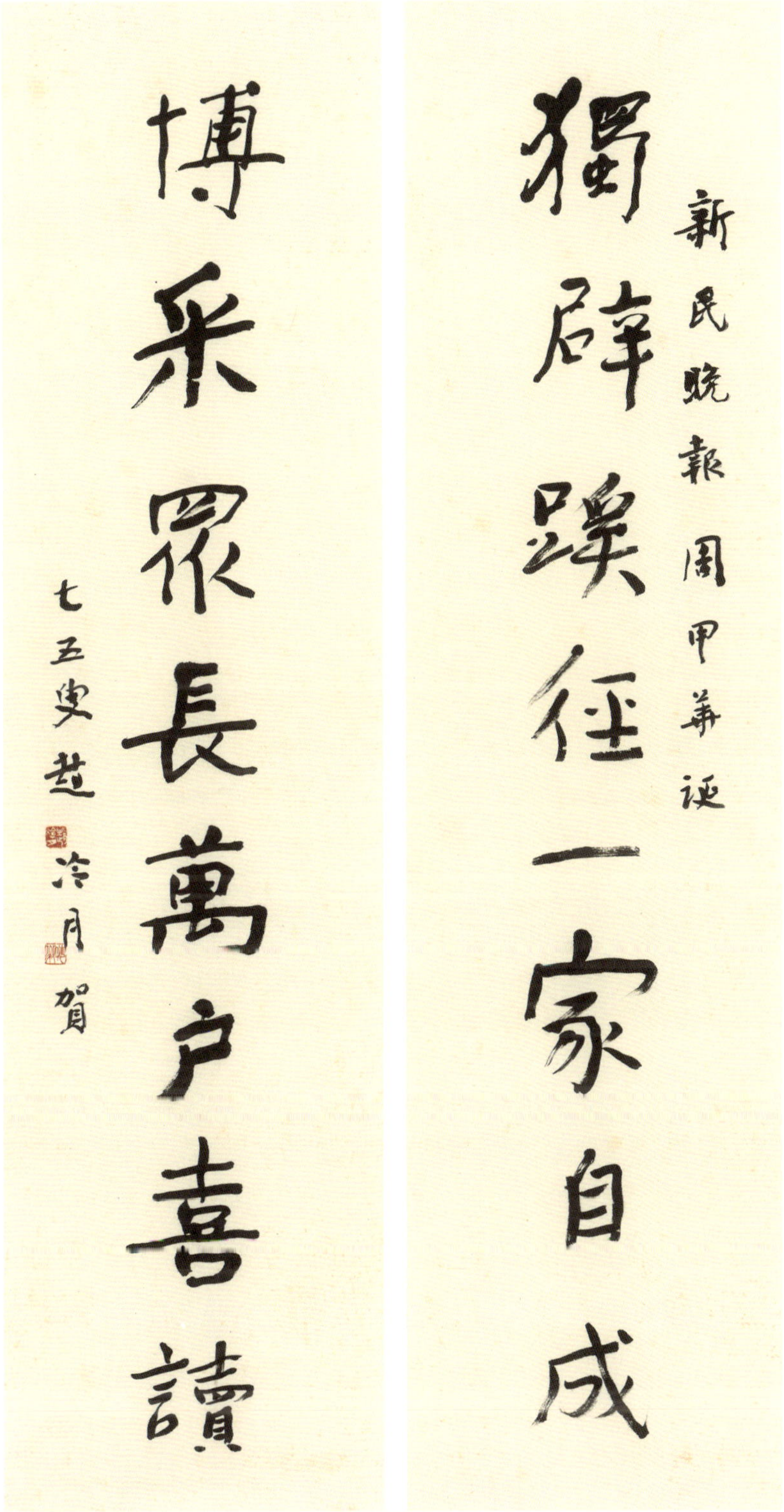

林放不老

獨辟蹊徑一家自成

新民晚報周甲華誕

博采眾長萬戶喜讀

七五叟趙冷月賀

"独辟·博采"八言联
赵冷月书

独辟蹊径，一家自成；

博采众长，万户喜读。

《新民晚报》周甲华诞，

七五叟赵冷月贺

二十年代上海理发流行奶油电烫，我想奶油虽然好吃，但糊了一头，加上电烤，滋味不会很好。忽又想起中华石狮头发卷曲，可能经电烫，乃作一漫画题曰奶油电烫寄新民晚报乐小英先。不想漫画招来不少刺害的是污辱妇女掌握握批评！且此事也就一张漫画我笑为何波、现在想

奶油电烫

发表后郤批评。最说此画是云云。报纸当、未展开稿费迟发，过去了。开了个小文引起一场风波也有历史原因、长期以来、报纸漫画都以对敌斗争为主，谁入上了漫画就是坏蛋，因此也了如妇女须笑便我了污辱妇女，今日漫画题材广泛、形式多样、颇效思想、实事求是，左笔也少了。后者也就见怪不怪了。全此小事祝

新民晚报七十六庆

丁亥之春五月 午昌书

林放不老

《奶油电烫》 华君武画

　　五十年代上海理发流行奶油电烫，我想奶油虽然好吃，但糊了一头，加上电烤，滋味不会很好。忽又想起中华石狮头发卷曲，可能经电烫，乃作一漫画题曰"奶油电烫"寄《新民晚报》乐小英兄。不想漫画发表后却招来不少批评，最利（厉）害的是说此画是污辱妇女云云。报纸掌握稳当，未展开批评，且稿费照发，此事也就过去了。

　　一张漫画开了个小小玩笑为何引起一场风波，现在想来也有历史原因。长期以来，报纸漫画都以对敌斗争为主，谁人上了漫画就是坏蛋，因此画了妇女烫发便成了污辱妇女。今日漫画题材广泛，形式多样，解放思想，实事求是，"左"爷也少了。读者也就见怪不怪了。写此小事祝《新民晚报》七十大庆。

一九九九年五月

华君武

一九九年八月 友童賀

《等夜报》　贺友直画

等啥人？勿等啥人，等夜报。

祝《新民晚报》创刊七十周年。

一九九九年六月　友直贺

赵超构（右二）全家福。父亲赵标生（左三）、母亲富氏（左一）、姐姐赵富荪（左二）。右一为赵超构的叔父

附　录

赵超构简谱

富晓春　撰

少年赵超构

1910 年	5 月 4 日（阴历庚戌三月廿五），出生于浙江省青田县南田区梧溪村（今属温州市文成县西坑畲族镇）外婆家。
1912 年	随母去北平，在父任所度过两年。
1914 年 至 1916 年	在梧溪玩水，耳鼓进水，落下重听的病根。
1917 年	回龙川进"赵同春祠塾"就读。祠塾系其曾祖父赵恒东创办。塾师徐更卿为他取学名"景熹"，此名沿用至大学毕业，并用作笔名。
1924 年	随家迁居至瑞安县城郊屿头村。就读教会学校——温州艺文中学。
1927 年	考入浙江省立第十中学（今温州中学）。

赵超构（后排右一）与父亲赵标生（前排右一）、母亲富氏（前排左一）合影，
后排左一为夫人刘化丁，后排左二为姐姐赵富荪

1928 年	被迫退学。与瑞安珊溪（今属文成县）刘化丁结婚。
	8 月，赴日本游学。年底奉父命从日本回国。
1930 年	秋，就读上海吴淞中国公学大学部政治经济系。
1932 年	1 月 3 日，母亲富氏病逝。
	开始给多家报刊投稿。
	4 月，长女静男生。
1934 年	完成毕业论文《世界短期资本之研究》。

《朝报》时期的赵超构
（1934年摄）

4月，受聘为南京《朝报》国际新闻版编辑。与张慧剑成为同事。不久任主笔。主持"小评"栏目，笔名有"沙、驼、超、构、景、熹"等，撰写时评。

1935年	10月，长子东戡生。
1937年	8月11日《朝报》停刊，撤往昆明。
1938年	1月，次子东戬生。

7 月，经张慧剑介绍，加盟《新民报》，任国际新闻编辑，不久升任主笔。"三张一赵"（张恨水、张友鸾、张慧剑、赵超构）聚首。

12 月，《战时各国宣传方策》由重庆独立出版社出版。

1941 年　　秋，父退休还乡。

11 月 1 日，重庆《新民报》增出晚刊，"今日论语"专栏开笔。

1942 年　　秋，赴陈铭德寓所与周恩来见面。

1943 年　　6 月 18 日，成都《新民报》晚刊创刊，"未晚谈"专栏开笔。

1944 年　　5 — 7 月，参加中外记者西北参观团访问延安等地，访问毛泽东、朱德、周恩来等中共领导人。

1944 年，赵超构在延安

7—8月，《延安一月》在重庆、成都《新民报》连载。

11月，《延安一月》由新民报社结集出版。

1945年　8月，日本宣布无条件投降。《新民报》决定恢复南京社，并创办上海、北平社。

9月1日，参加中苏文化协会为毛泽东举行的招待会。

9月21日，受毛泽东之邀，到郊外八路军办事处会晤长谈。

1946年　1月，与《新民报》采编人员一同到陈铭德寓所与周恩来会晤。

5月1日，上海《新民报·晚刊》创刊。以副总主笔名义兼任总编辑，次年任总主笔。至此，《新民报》在全国拥有五个社，八张日、晚刊，号称"五社八版"。

9月，与由老家抵沪的妻子儿女团聚，定居虹口狄思威路（今溧阳路）瑞康里92号。

1947年　6月1日，在刘尊棋、谢爽秋推介下，由日本的中国文化社出版《延安一月》日译版。

1948年　1月，父病故，回屿头治丧。

7月8日，南京《新民报》被勒令永久停刊。

11月，在中共地下党组织安排下，经汉口赴香港。

1949年　2月27日，与柳亚子、马寅初、徐铸成等27人登"华中号"货船，离港北上。

5月13日，会同有关新闻界人士与周恩来见面，领受南下接管任务。

5月25日，返回上海社。

5月28日，上海解放后，《新民报》晚刊照常出报。

7月9日，约请夏衍为《新民报》副刊撰写"灯下闲话"专栏。

1948年，赵超构经中共地下党组织安排，经汉口赴香港

9月4日，赴北平出席首届全国政协会议。

9月20日，参加《新民报》北平、南京、上海分社联席会。邀胡乔木、夏衍到会讲话。

10月1日，参加开国大典。

10月3—7日，出席全国新闻工作者协会筹委会。

1950年　　　3月29日—4月16日，出席全国新闻工作代表会议，毛泽东、朱德等在中南海颐年堂会见与会代表。

6月3日，启用"林放"笔名，首发杂文《吧儿——鲁迅最深恶痛绝的家畜》。

6月9日，邀请夏衍到新民报社讲话。

1953年　　　1月，《新民报》晚刊公私合营，《大报》《亦报》有关人员相继加盟。任社长。

9月13日，加入中国民主同盟。历任民盟上海市委副主委、民盟中央常委。

1954年　　　9月，赴京出席第一届全国人民代表大会第一次会议。

1955 年	3 月，次女刘芭生。
1956 年	1 月，兼总编辑，主持《新民报·晚刊》改版，探索社会主义晚报新路子。
	6 月，提出"短些，短些，再短些；广些，广些，再广些；软些，软些，再软些"。
1957 年	3 月初，赴京出席全国宣传工作会议。
	3 月 10 日，与新闻出版界部分代表一起同毛泽东见面。
	9 月 18 日，在上海虹桥路一宾馆与毛泽东见面，在场的还有舒新城、束世澂。

1957 年 7 月，赵超构从北京返回上海，《新民报》总编辑束纫秋（右一）、副总编辑程大千（右二）到北火车站迎接。

赵超构全家福。前排为赵超构及妻刘化丁、幼女刘芭，后排自左依
次为长女静男、女婿刁绍华、长子东截、次子东戳。摄于 1957 年

1958 年	1 月 6 日夜，应邀与周谷城、谈家桢飞赴杭州，与毛泽东长谈。
	5—6 月，按毛泽东意见，赴浙南地区温州、丽水等地参观访问，在《新民晚报》发表《我自故乡来》长篇通讯。
1959 年	3 月，与漫画家乐小英到上海县、松江县采访，发表散记《春郊行脚》。
	4 月，当选第二届全国人大代表。
1961 年	5 月，毛泽东到上海过"五一"节，在锦江饭店约见陈望道、金仲华、周谷城、赵超构、沈体兰、沈克非、周信芳等各界人士。
1962 年	5 月，出席上海市第二次文代会，当选为上海市文联副主席。
1966 年	8 月 22 日，《新民晚报》停刊。
1969 年	11 月 3 日，至奉贤县（今上海奉贤区）新闻出版系统"五七"干校劳动。
1972 年	2 月 13 日，被"解放"，但仍留"五七"干校劳动。
	8 月，借调至《辞海》编辑部资料室工作。
	12 月 25 日，被推选为四届全国人大代表。
1977 年	3 月 12 日，《终生难忘毛主席的关怀》发表于《文汇报》。
1978 年	3 月，任上海辞书出版社副社长、副总编辑。受聘为上海出版局顾问。
	9 月 11 日，参加上海市政协学习参观团赴西安、延安访问。
1979 年	6 月 7 日，上海市委在全市宣传干部大会上，为在"文化大革命"中被诬蔑为"封资修黑报"的《新民晚报》平反。
	10 月 30 日，赴北京出席全国第四次文代会。

1965年在南汇乡村体验生活与农民"三同"（二排小孩子左边为赵超构）

1981 年 　　　　　3 月，参加《新民晚报》复刊第一次筹备工作会议。

11 月，《新民晚报》复刊试刊。在报社作《我们应当怎样办晚报》报告，提出"宣传政策、传播知识、移风易俗、丰富生活"十六字办报方针。

1982 年 　　　　　1 月 1 日，《新民晚报》正式复刊，"未晚谈"复出。重任新民晚报社社长。

3 月 29 日，发表杂文《江东子弟今犹在》。《人民日报》等全国几十家报纸转载。

1983 年　　4 月 8 日，赴北京出席全国新闻工作者协会第三次理事会，当选全国新闻工作者协会副主席。

4 月 28 日，当选上海市政协副主席。

1982 年初春，《新民晚报》复刊后不久的一次业务讨论会，赵超构（右戴帽者，右一为总编辑束纫秋）作重要发言

附
录

赵超构与新民晚报社编委会同事合影
前排左起：张林岚、束纫秋、赵超构、丁法章、冯英子、沈毓刚
后排左起：王尚武、徐克仁、张攻非、吴承惠、顾龙、苏应奎、周珂、
　　　　　李森华、李仲源、任荣魁、苏瑞常、彭正勇、梁维栋、孙洪康

材茂不老

1984 年 11 月，在纪念"赵超构笔耕 50 周年"座谈会上，赵超构发言

1984 年	5 月，增补为第六届全国政协委员、常委。应邓颖超之邀到中南海作客。
	7 月 1 日，《上海政协报》创刊，兼任社长。
	8 月 3 日，出席上海市第三次文代会，再次当选上海市文联副主席。
	11 月 5 日，上海新闻界举行"赵超构笔耕 50 周年纪念会"。

1984 年 　　　　5 月，增补为第六届全国政协委员、常委。应邓颖超之邀到中南海
　　　　　　　　作客。
　　　　　　　　7 月 1 日，《上海政协报》创刊，兼任社长。
　　　　　　　　8 月 3 日，出席上海市第三次文代会，再次当选上海市文联副主席。
　　　　　　　　11 月 5 日，上海新闻界举行"赵超构笔耕 50 周年纪念会"。

1985 年 　　　　8 月 1 日，《新民晚报》第一家子报《漫画世界》创刊。
　　　　　　　　10 月 3 日，中国晚报工作者协会成立，当选为首任会长。

1986 年 　　　　1 月，《未晚谈》由上海人民出版社出版。

1989 年 　　　　9 月 9 日，赴南京出席《新民晚报》创刊 60 周年纪念座谈会，并
　　　　　　　　看望张友鸾。
　　　　　　　　12 月 30 日，主持《新民晚报》创刊 60 周年庆祝会。

《新民晚报》同仁祝贺社长赵超构八十寿辰，左起：张林岚、束纫秋、赵超构、丁法章、张攻非

| 1990 年 | 5 月 26 日，新民晚报社同仁在粤秀酒家为赵超构庆祝八十大寿。 |
| | 8 月 7 日，夫人刘化丁去世。 |

1991 年	3 月 6 日，新民晚报社大楼落成、启用。
	12 月 19 日，发表《昂纳克搭错了船》，"未晚谈"终笔。
	12 月 26 日，出席《新民晚报》复刊十周年座谈会并讲话。

1992 年	1 月 1 日，发表《老树花开无丑枝》。
	1 月 24 日，访巴金，晤谈一小时许，互相叮嘱"不要太累了"。
	1 月 27 日，入华东医院。
	2 月 12 日，22 时 12 分，心肺肾功能衰竭，与世长辞。

只一分钟，"林放不老"四个字，便跃入脑中。这，大概是我平生起标题最快的一次。

2024 年 7 月初，《新民晚报》总编辑缪克构跟我说："95 周年报庆，报社要办一个'赵超构手稿手迹展'，你来做策展人。"我一口答应。

赵超构先生，著名报人、杂文家，《新民晚报》老社长，笔名林放。他的办报思想，不仅是《新民晚报》的精神支柱，也是全中国晚报、都市报奉为圭臬的法宝。

《新民报》，1929 年 9 月 9 日创刊于南京，至 2024 年，95 周年。因此，展览的开幕日子，肯定是 9 月 9 日。准备时间，只有区区两个月。这，实在是太短了。

2024 年恰逢新中国成立 75 周年，9 月、10 月上海各大展馆几无空档。好在，我十分中意的中国近现代新闻出版博物馆的领导慨然相助，将常设的音像馆临时让给我们。

展厅敲定，准备工作正式启动。此时，距开展，已不足两个月。

每个人都觉得，《新民晚报》办的展，放在新闻出版馆，再合适不过了。但是谁也没想到，后面会有神奇的事情一再发生。两家合办，乃"天作之合"。

先说展览的基础。因为种种原因，新民晚报社的收藏可以说是"片纸无存"。但我也不算是"空空道人",展览是有"基本盘"的,分四大块:其一,赵超老1991年的"未晚谈"手稿二十余篇,存上海市档案馆;其二,赵超老致孙子信十余通,存赵超构研究者富晓春处;其三,家属捐给家乡文成县博物馆的一批赵超老的生前用品;其四,赵超老的摄影作品。

这样的基本盘,虽然略显单薄,但大致可以构成一个展了。根据这四部分东西,我把展览分成"未晚谈""尺牍情""光影间""百姓家""新民汇"五个章节,这样的脉络、逻辑,自以为甚好。但我没想到,后来会冒出一个新的章节,并后来居上,在首位,即"延安行"。

故事,就从这个章节开始讲起。

为延安的一月

因相关法律规定,档案馆的藏品不能出馆。因此,基本盘里的手稿部分,只能用复制件展出。这是很遗憾的事情。作为博物馆控,我深知,对观众而言,进博物馆想看的,永远是真迹,是文物。于是,我定下了"真迹数量要超过,甚至要远远超过复制件"的目标。虽然,这不容易。

我拿到的第一件文物,就是《延安一月》。这本书,是赵超构先生的传世名作。从某种意义上说,因为这本书,才有后来的赵超构和《新民晚报》。这本书,我们常见的是1946年出版的上海版。在新民晚报社的报史长廊,在上海电视台拍摄的纪录片《赵超构》里,出现的都是上海版的书影。上海版《延安一月》并不难寻。但我拿到的这件,很珍贵,是赵超老题赠给《新民晚报》原副总编辑沈毓刚先生的。书,是《新民晚报》原副总编辑严建平老师提供的。

附录

很巧，沈先生的后人决定把沈先生的藏书，捐赠给中国近现代新闻出版博物馆。而严老师为沈先生编了一本《其佩文存》，新近由文汇出版社出版。沈先生家人觉得，这本《延安一月》跟《新民晚报》有关，就挑出来，送给了严老师。赵超老在扉页上题："曩曾保留旧作《延安一月》一册，以作自我解剖之用。久已散失，近又搜得二册，以其一赠毓刚兄留念。"到了1978年6月，虽已走出"文化大革命"，但三中全会还未开，改革开放的发令枪还没打响，短短数十字的题词中有鲜明的时代特征。严老师在《赵超老与"夜光杯"》一文中提到了这本书，他说："题签的语境，自然还有着那个年代的特点，但从赠书这一举动来看，赵超老是无愧旧作的。"这样的分析很贴切。严老师在文章结尾时表示，"在《新民晚报》即将迎来创刊95周年之际，我想把赵超老赠送沈先生的《延安一月》签名本转赠给报社"，并希望"报社的青年人能记得以赵超老为代表的晚报前辈，实现他们的愿景：长江后浪推前浪，一代更比一代强"。

赵超老说，"搜得二册，以其一赠毓刚兄"，那，"其二"在哪里呢？是送人，还是自存？

为了办这个展，缪克构总编辑、新民晚报社总编办主任吴强兄和我三人，数次来到吴兴路，拜访赵超老的女婿陈舜胜教授。这里，也是赵超老晚年最后的居所，家里还有许多他的遗物。陈教授低调、可亲，放手让我们从书架上翻阅赵超老的藏书，我找到了巴金、夏衍、叶圣陶、柯灵、徐铸成、赵家璧、陆诒、公今度等名家题赠赵超老的签名本。我还把赵超老的三大本相册带回报社细细挑选。在一个尘封已久的纸箱子里，我看到一个很旧的信封，打开一看，是两册《延安一月》，一为上海版，一为日文版。原来，这"其二"，赵超老自己珍藏着。

　　有了这三本书打底，我不由想到，《延安一月》最早是在重庆出版的。重庆版长什么样呢？我向同事沈琦华兄请教。他的民国版本收藏，在上海是数一数二的。他听了我的问题，一愣神，说："不晓得，我回去寻寻看。"过了两天，他真的拿来一本重庆版的《延安一月》。大藏家，果然名不虚传啊！他还说："我已经考证过了，重庆版印过三版，初版和三版封面一样，二版的封面，把版画放大了。在孔夫子旧书网上，有二、三版，三版要贵很多，一版没有。"孔网上有，就不难，不几天，二版来到报社。就缺初版了。琦华兄向上海图书馆的朋友一打听，他们馆藏里有。我们马上启动借展程序。既然我们集齐了所有《延安一月》的老版本，而2024年又是《延安一月》发表和出版80周年，我提出增加"延安行"一章。缪克构总编辑首肯，又决定将"延安行"作为展览首章，把展览副题由"赵超构手稿手迹展"改为"赵超构手迹暨《延安一月》出版80周年展"。

　　要单独做一个章节，光有几本书，是不够的。我在赵超老的相册里找到了几张他访问延安的合影。这些合影，多次发表过，在报史长廊里也有，但令我兴奋的是，我在两张照片的背面，发现了赵超老的题字。其一，"（1944）年访问延安，毛主席、朱德总司令接见中外记者团，朱德后面是赵超构"；其二，"1944年访问延安，二排右起第二人为赵超构"。有了珍贵的手迹，眼熟的照片立刻变得不寻常了。

还能有什么展品呢？我想到了连载《延安一月》的重庆《新民报》，它们和《延安一月》初版本一样珍贵。问上海图书馆，没有。通过重庆的同行问重庆图书馆，他们倒是有的，但短时间内要把它们借到上海来展出，可能性很小。但我们还是准备去一次重庆，拿不到报纸，拿到报纸的照片也好啊。

在合作办展期间，我和新闻出版博物馆的馆长赵书雷、副馆长张霞联系很密切。一次在微信聊天中，我跟张霞说了增加"延安行"一章并向上图借展品的事。她说，记得他们馆藏也有《延安一月》的初版本。啊，我十分自责我思路固化，竟然没有想到这一层。我马上问她，有没有1944年连载《延安一月》的重庆《新民报》？一查，有！啊，不用去重庆了，只要从新闻出版馆库房搬到展厅就可以了。真是"踏破铁鞋无觅处，得来全不费功夫"。

接下来的重要展品的获得，便水到渠成了。

不少业内人士都知道，毛泽东主席的《沁园春·雪》，1945年首发在《新民报·晚刊》的副刊"西方夜谭"上。编辑是吴祖光。他写了一段著名的按语："毛润之氏能诗词，似甚少为人知。客有抄得其《沁园春·雪》一词者，风调独绝，文情并茂，而气魄之大，乃不可及。据（毛）氏自称则游戏之作，殊不足青年法，尤不足为外人道也。"这是《新民报》历史的一个重要篇章。报纸版面的照片，我们早已看熟，但却没人见过报纸的实物。既然馆里有1944年的《新民报》，自然应该有1945年的。

毛詞 沁園春

北國風光，千里冰封，萬里雪飄。望長城內外，惟餘莽莽；大河上下，頓失滔滔。山舞銀蛇，原馳蠟象，欲與天公試比高。須晴日，看紅裝素裹，分外妖嬈。

江山如此多嬌，引無數英雄競折腰。惜秦皇漢武，略輸文彩；唐宗宋祖，稍遜風騷。一代天驕，成吉思汗，只識彎弓射大雕。俱往矣，數風流人物，還看今朝。

毛潤之氏能詩詞似不類今日俗傳，客有抄得其沁園春詠雪一詞者，風調獨絕，文情並茂，而氣魄之大乃不可及。據雲此詞是毛氏自稱遊戲之作，殊不足為外人道也，楊氏自稱則尤不足為青年法，火日過江，遊地口袋出門，拿不遠一件，不行可過天，摸摸錢是規……

京都一紙書

继续请藏品部帮忙检索。一查，有！我一面欢喜一面想，如果不是在这里办展，我哪里会知道在这里能找到极其重要的展品啊。

于是乎，三个重庆版《延安一月》集齐，刊登《延安一月》《沁园春·雪》的报纸到场，这些珍贵文物，都将首次公开一并展出。

一个月的搜寻，"延安行"一章的展品，很是丰盈了。这，堪称"为延安的一月"。

是垫子，还是毯子？

"林放不老"展，我们请富晓春兄担任学术顾问。富晓春，温州媒体人，跟赵超构的外婆家是同宗远亲。十余年来，他专注于赵超构研究，孜孜以求，成果甚丰，已出版两部专著，第三部专著将出，《赵超构年谱》在编撰之中，已达70余万字，其诚可感，其功可赞。在筹策期间，我俩也一直保持沟通。

加"延安行"一章，当然也要向晓春兄报告。他听了，很是高兴，接着又说："有一件展品，很好的，可以放到这一章——当年毛泽东送给赵超构一个羊毛垫子，现在在文成县博物馆。"我一听，大喜。马上打电话询问文成县博物馆馆长纪熠明，她说，应该有的。我说要把这件文物增加到借展清单里，并请她把垫子的照片拍给我。

刚刚挂机，就收到了晓春兄发来的关于这个垫子的文章《患难之交》，记叙了一段尘封往事。

1938年，赵超构到重庆加盟《新民报》后，与老相识许铮一家成了邻居。平时，由许太太安丽云负责照料赵超构的生活，帮他洗衣做饭。赵超构将部分工资交许家充搭伙费。许安夫妇婚后多年未育，领养了许铮哥哥的儿子，名许福官，读小学。

1944年，陕甘宁边区曾举办劳模记者赴延有毛毯，由边区
青年纺织厂制造，2001年4月，赵连和女儿赵列芭捐赠上
海市档案馆。现存市档案馆收藏。

林茨不老

赵超构当了许福官的家庭教师，并将他的名字改为许可成。1946 年，赵超构前往上海办《新民报》，离渝前，将访问延安时毛泽东送给中外记者的一块羊毛垫子送给了已是高中生的许可成。许一直珍藏着这个特殊礼物。

富文结尾说，2010 年，赵超构 100 周年诞辰之际，他辗转找到了许可成，当对方得知故乡正以各种方式纪念赵超构时，他将赵超构的亲笔信和这块羊毛垫子，捐给赵超构出生地梧溪的"赵超构纪念馆"。

既然垫子捐给了梧溪，为什么在文成县博物馆呢？晓春兄回答说，梧溪的保存条件不够好，所以把垫子存在县博物馆。

富晓春在文章里描绘道："这条墨绿底色、粗线条方格的羊毛垫子"云云。但我读完文章，对比在微信上收到纪馆长发来的图片和尺寸，"墨绿""方格"倒是不错，但这条长 2.2 米、宽 1.5 米的东西，应该是一条毯子，而不是一块垫子。

是垫子，还是毯子？我问富晓春，他一听，犹豫了，说，既然实物照片是毯子，那就是毯子吧。我又问，那你为什么会写成垫子呢？是许可成说的，还是另有原因。他，被我问住了。

会不会，富晓春听别人说过延安的垫子？这个人，最可能是赵超老的女儿赵刘芭。富晓春一直叫她"刘芭姐"。可惜，赵刘芭已经逝世多年。我向陈舜胜教授请教，他说记不清了。

这个问题，只得悬着。

过了半个月，陈教授发微信给我说，在书橱里发现一张上海市档案馆的收藏证，编号为"00092"，证书上写：

赵东戡同志：

您捐赠的陕甘宁边区难民纺织厂赠中外记者（赵超构）"羊毛垫"一件及"毛泽东、朱德、周恩来与中外记者的合影"照片2张已被我馆收藏。

馆长刘南山（签名）

2001年4月16日

另外，还有一张交接单，经手人是赵刘芭。赵东戡，赵超构长子，时年76岁，他委托小他20岁的妹妹刘芭来操办捐赠事宜。

"悬案"告破，答案是既有毯子，又有垫子。

这张证书还解答了我的另一个疑问：在赵超构的相册里，有两张访问延安的照片像是翻拍的。原来，原照在市档案馆。

我们请市档案馆的徐未晚馆长找出了这块垫子，并拍了正反面照片。垫子底色为棕色，中间为一劳工推一个轮子，暗红色，上下皆有黄色大字，上书"中外记者团"，下为"陕甘宁边区难民纺织厂赠"。收藏证上的品名依据在此。我这个历史爱好者，也是第一次知道，当年边区还有一个"难民纺织厂"。

在展厅里，垫子的照片和毯子一并展出，是观众驻足最多的亮点之一。

莊子書中每多譏諷如為之仁義以矯之則爭
起而寶籍之往事不盡于卜閣之游咏是有寶籍民主
自由在眼前而三民主況痛惜莊之弘乃至海於失望之中

超楣先生囑玉信筆強此敬俟政正

乙亥年秋 鄭誦先

大师墨宝的背后

赵超构先生不擅书法,我没见过他写的毛笔字。随着他的手稿手迹越聚越多,真迹数量远超复制件的目标已达成。但手稿书信等手迹每一页尺幅都很小,如果有几幅大的书画作品来"压压阵",展陈效果会好很多。入展的作品,必须满足两个条件:一、名头要大;二、要跟赵超老、《新民晚报》有关,即要符合展览主题。

我第一个想到的,是郭沫若赠赵超构的条幅。这幅字,清晰地出现在一张赵超构在家读书的照片上。可亲的陈教授(赵超构女婿陈舜胜)一口答应借展。这幅字书于1947年中秋节。文为:"庄子书中,每多警语,如'为之仁义以矫之,则并与(仁)义而窃之'。往年不甚了了,今阅世渐深,见有窃民主自由者,始知其言之沉痛。唯庄之失乃在沦于失望耳。超构先生嘱书,信笔缀此数语就正。丁亥中秋,郭沫若。"从书法到内容,皆大有可观。

有时候,顺起来,就会好事成双。《新民晚报》有一批书画作品存于上海报业集团库房,在作品清单里,我竟然发现,还有一幅郭老的书法。这幅字,是给《新民晚报》创始人陈铭德先生的五十岁生日礼物。陈先生生于1897年,按中国人过虚岁的习惯,可能书于1946年。郭老作了一首诗:"昨夜三斤酒,今朝醉未休。高歌惟远志,中立挽狂流。劫命须澄澈,新民贵自由。魔高庸一丈,更上万层楼。"好一个"新民贵自由"。两幅字,都写到了"自由"二字,反映出当年的郭老为民主、自由而奋斗的信念多么强烈。

有郭老的两幅字压阵,大快。

在存上海报业集团的作品里,我还选了几幅作品。现择其二介之。

笑 新民晚报创刊六十周年

一代新民手捉老甲

多心晚报心无愧生

壬申春赵朴初年九十有一

一件，是漫画泰斗华君武的《奶油电烫》。画着一头石狮子在烫头发。其实，同题的画，华老画过一次。那是 1956 年 1 月 14 日，刊《新民报·晚刊》6 版副刊版头条。这是一幅幽默漫画，不料引起一场风波。华老 1999 年为贺《新民晚报》70 周年报庆重画此画，在石狮子周边写了长跋介绍说："不想漫画发表后招来不少批评，最利（厉）害的是说此画是污辱妇女云云，报纸掌握稳当，未展开批评，且稿费照发。此事也就过去了。"华老继续分析道："长期以来，报纸漫画都以对敌斗争为主，谁人上了漫画就是坏蛋。因此画了妇女烫发便成了污辱妇女。"这幅漫画，不只有趣，而且有史料价值，难得。我把这幅画和 1956 年的版面一同展出。

另一件是王蘧常先生 1989 年写的贺《新民晚报》创刊 60 周年联。3 年前，我写过一篇书评，题为《〈蘧草法帖〉的大美与小趣》，文章结尾云："王先生生前发表的最后一篇文章，亦刊于《新民晚报》，时为 1989 年 9 月 12 日，距离他逝世，仅月余。此文题为《联语偶存》，其中有一联，是祝《新民晚报》创刊六十周年的，联为'一代新民，手接花甲；多闻晚报，心念苍生'。作为后辈报人，当铭记'心念苍生'四字。"当时，我并没有见过这副对联，更没有想到，有一天，这副对联会经我之手，第一次挂到博物馆里公开展出。

我想，只要真的铭记王先生的"心念苍生"，奇妙的缘分就会来到。

"未晚谈"老黄牛是谁画的？

如前所述，本次展览最早的"基本盘"之一，是"未晚谈"手稿。当展览进入最后的设计阶段，我建议将"未晚谈"的老黄牛头花放大于展墙。一个问题突然冒了出来：这头老黄牛是谁画的？

221

我第一个想到的求助对象，是严建平老师。他从 1982 年开始，就在副刊部工作，赵超老的许多篇"未晚谈"，是他编发的。不问他问谁？严老师说，也许是克仁画的。徐克仁，《新民晚报》大才子，能写能画，他在《漫画世界》的封面上几次画过这头牛。我请另一位漫画大家郑辛遥兄在微信上问他，他说不是他画的，也不知道是谁画的。

聪明的严老师从赵超老的文章里找到了线索。1985 年 1 月 6 日，这头牛首次在《新民晚报》亮相，赵超老为这个新头花写了一篇《以牛为师》，说："这是名画家黄永玉的手笔，我从一张贺年卡上移植过来的。"赵超老显然十分喜爱这幅画，从此以后，"未晚谈"头花再未换过。而且，赵超构先生逝世以后，遗体上盖着这头牛，墓碑上刻着这头牛。这已经不是一幅普通的画了，而是一个标志，一种象征。这头牛如此重要，我能不能找到这幅画的下落呢？

好在有万能的互联网，通过"黄永玉""牛""赵超构""贺年卡"等关键词，一篇关键的文章弹眼落睛——《自己做贺年片》。文章说："我退休前，每年都为三联书店设计印制贺年片，请老前辈写句贺词，或者画几笔，出版社的工作人员也可以用来寄给朋友，寄给他所联系的作家、同行。"然后，作者历数历年的贺卡。有几行字，让我不由瞪大了眼睛："乙丑年请永玉兄画了头老黄牛。后来赵超构先生用它作为'未晚谈'的栏头饰画。听说在赵老的遗体上也覆盖着这老黄牛的画。永玉的这张画稿至今我还收藏着。"文章作者是范用。人称"范老板"，有"三多先生"雅号，即"书多、酒多、朋友多"。我一拍脑门。啊！范用！范用！这头牛，会不会也在新闻出版馆啊？！因为范用后人，把他的毕生收藏，都捐到了这里。我赶紧问张霞。她一查，真的在！原来，林放杂文的标志，就在中国近现代新闻出版博物馆啊！我们两家联手合办"林放不老"展，不正是天作之合吗？

林筱不老

找到了原作，我自然会想到再找找看这张贺年卡，时隔 39 年，想必存世无多。但我相信，仅此一张的原作都找到了，贺卡应该也会现身。

我发朋友圈说了"找牛"的故事，《开卷》主编董宁文兄神通广大，先是问了范用的女儿，未果，接着又问了著名出版家汪家明先生。汪先生跟范用先生关系非同一般，范用的好多书就是他编的，《范用：为书籍的一生》是他写的。汪先生果然有这张贺卡，素不相识的他慨然允诺借展。第二天，印着这头牛的贺卡，就来到了我的案头。

9 月 9 日中午，黄永玉先生画的老黄牛终于走出新闻出版博物馆库房，进入展柜。我激动地拍照片，发了一条朋友圈："最后一件展品入柜。"

2024 年 9 月 9 日 14 时，"林放不老"展在中国近现代新闻出版博物馆一楼大厅隆重开幕，群贤毕至，少长咸集。几乎在同时，当天的《新民晚报》下印刷机。这一天，《新民晚报》推出 48 版特刊，题为"踏遍青山人未老"。

渝版《延安一月》有几个版本？

套用那句用滥的话，叫作"没有最好，只有更好"。这句话，充满鸡汤味，但今天，我感慨道："没有最后，只有更后。"我怎么也没想到，黄永玉先生的牛，竟然不是"最后"，还有"更后"。

先从展期说起，我说过，因恰逢新中国成立 75 周年，9、10 月上海各大展馆几无空档，中国近现代新闻出版博物馆的领导慨然相助，将常设的音像馆临时让给我们做"林放不老"展。同样是因为遇 75 周年庆，这个展厅，后面有一个相关展览。

所以，"林放不老"的展期，原定只有两周，即9月9日至9月22日。作为策展人，颇有些不舍：两周时间，实在是太短了。这么多费尽心力集于一堂的文物，仅14天，就要各奔东西，太可惜了。幸运的是，"林放不老"开展以后，不光是我这个策展人的心头之好，也受到业内外人士、《新民晚报》读者、新闻出版博物馆观众的好评，感到展期太短的人越来越多。在一片惋惜声中，有关方面做出了令我欣喜万分的决定——延展！

9月19日，中国近现代新闻出版博物馆微信公众号发布"延展公告"，"林放不老——赵超构手迹暨《延安一月》出版80周年展"自9月9日开展以来，深受观众好评，该展将延期至2024年10月30日。从两周延至八周，太令人高兴了。9月21日，《新民晚报》也在头版发布了延展消息。

延展自然是大好事，但也带来一个新的问题，这次展览的展品绝大多数是借来的，这下要跟借展的单位和个人一一打招呼。其中，有一件展品，既珍贵，又特殊，就是《延安一月》的重庆版初版本。这件展品，是本次展览唯一一件专门买了保险的文物，借自上海图书馆。

上海图书馆的馆藏文物出借，有着严格的规定，但馆方对"林放不老"展，给予了很大的支持。我们商借《延安一月》初版本，他们是一口答应的，并且借给我们全程展出。这本书，是本次展览的"明星展品"。得知展览延展的好消息后，我们随即跟上海图书馆联系，希望能够延长借展日期。上海图书馆的同志经研究，22日答复我说，应该问题不大，但要办理一下手续。我们深表感谢，马上跟进相关手续。第二天，即23日中午，上海图书馆方面说，按相关规定，上海图书馆文物借展最长是一个月。这样一来，到10月上旬，也要归还了。我一想，我们"天作之合"的中国近现代新闻出版博物馆，不也有《延安一月》初版本的吗？何不按时归还上海图书馆，把新闻出版馆的替上？

开展以后，除周一闭馆日外，我几乎天天泡在展厅，23日也在。我找到张霞副馆长，说了这个情况。馆领导们一致同意，马上布置，从库房调书。

我和张霞来到展厅，等候藏品部的同事取来初版《延安一月》，不料，神奇的事情发生了。

走笔至此，先容我回到我写的"为延安的一月"那一章，我曾写道："他（沈琦华）还说，我已经考证过了，重庆版印过三版，初版和三版封面一样，再版的封面，把版画放大了。在孔夫子网上，有再、三版，三版要贵很多，一版没有。孔网上有，就不难，不几天，再版来到报社。"当再版、三版摆在我们面前，一个疑问出现了。翻看两个版本的版权页，竟然是矛盾的。再版的版权页上写"中华民国三十三年十一月初版，中华民国三十四年一月再版"，而三版的版权页则写"中华民国三十三年十一月初版，中华民国三十三年十二月再版，中华民国三十四年二月三版"。也就是说，再版时间对不上了。那个封面跟一、三版不一样的再版说，出版于1945年1月，但三版却说，再版于1944年12月。这是为什么呢？是哪个版本出错了呢？这样弄错出版时间的事，按理是不应该发生的啊。不管怎么样，我们先把这个悬案放在一边，就认定重庆版从1944年11月至1945年2月，出过三个版本，我们集齐了。

不管是我，还是张霞，都没想到，藏品部同事竟然拿来了两本《延安一月》，一看都是重庆版的样子，一本颜色浅，红很淡（上海图书馆那本，也淡），一本颜色深，红很正。当两本书放在我面前的一瞬间，我马上想到了那个悬案，急着说："打开版权页！打开版权页！"一打开，果不其然，淡红那本写"中华民国三十三年十一月初版"，正红那本写"中华民国三十三年十一月初版，中华民国三十三年十二月再版"。啊！真的有1944年12月的再版本。原来，《延安 月》竟有两个再版本。

1944年11月初版、1944年12月再版、1945年1月再版、1945年2月三版。过一个月就加印一个版，可见当年《延安一月》十分受欢迎，一时间洛阳纸贵，是不难想见的。

为什么会有两个再版？是技术上的失误，第三个版错成再版，第四个版将错就错呢？还是另有原因？

我的"策展人手记"是应《新闻出版博物馆》（中国近现代新闻出版博物馆馆刊）之邀写的，因为这次稿约，我结识了馆刊编辑周祯伟兄。渝版《延安一月》的版本问题，引起了他的兴趣。他仔细做了鉴别，并多方查找资料，提出了深具说服力的见解。

　　细心的祯伟兄首先发现了 1945 年 1 月再版本版权页上，有一行被我忽视的小字"印刷者 南京新民报成都社印刷部"。1944 年至 1945 年间，《新民报》有重庆和成都两个分社，赵超构的《延安一月》就是分别在《新民报》重庆版和成都版上连载的。二地应该都有印刷部。这样一行关于印刷地的信息，另外三个版本是没有的。祯伟兄还发现了另外一个细小的区别。这一版版权页上的书名是"延安一月全册"，而另三版则都是"延安一月一册"。祯伟兄据此提出："之所以有两个再版，因为一个是重庆印，一个是成都印。"因此，重庆印的三版版权页的表述并没有错。我们不妨把 1945 年 1 月的再版称为"蓉刷再版"（成都别称"蓉城"）。这个发现，同时也解答了为什么"蓉刷再版"从封面、版权页到内页与其他三个版本有诸多差异。因为本来就不是同一个版本。那么，《延安一月》在成都一共印了几次呢？从目前看，只有再版一种，且印数不低，故此孔网上关于这一版的交易记录最多。不知道以后会不会再冒出其他"蓉刷"版本。

　　那，为什么连民国版本大藏家沈琦华兄也只知道三个版本呢？祯伟兄找到了一个重要的权威信息。北京图书馆编、书目文献出版社 1992 年 11 月版《民国时期总书目（1911—1949）（文学理论·世界文学·中国文学）》一书中关于《延安一月》重庆版，有如下表述，"重庆南京新民报社 1944 年 11 月初版，1945 年 1 月再版，1945 年 2 月 3 版"，"有木刻插图 252 页 32 开（新民报丛书）"。这，和琦华兄的说法完全一致。至少，这部权威工具书的编撰者和我一样：一是忽视了 1945 年 1 月再版是成都印刷；二是并未见到 1944 年 12 月的再版。

　　几天之后，我们在另一本书中找到了更为权威的说法。这本书，是《〈新民报〉春秋》（中国社科院新闻研究所编，陈铭德、邓季惺、赵纯继、曹仲英、陈理源等编著，

1987 年 12 月由重庆出版社出版）。编著者都曾是《新民报》位高权重的老报人，他们的回忆，是相当重要且权威的。此书印数为 1600 册，在 20 世纪 80 年代，是相当低的，以至于《民国时期总书目》的编撰者，也未注意到它。陈理源先生，曾任《新民报》重庆社总编辑，他在《重庆〈新民报〉史话》一文中，有"《延安一月》和延安通讯"一节，专门道及了《延安一月》的印刷情况："此书 1944 年 11 月出版，很快销售一空。1945 年 3 月中旬，就重印三次，另由成都《新民报》社重印一次；抗战结束后不久，上海又重印一次，日本也有译本出版。不胫而走的盛况，是当时出版物中少有的。"按陈先生的表述，重印了三次，是不是还有 1945 年 3 月的四版呢？也不排除这个可能。

重庆初版、再版、三版、成都印再版、上海版、日译版，六个版本的《延安一月》，汇集在中国近现代新闻出版博物馆展厅，汇集在"林放不老"展，是我们对这本出版了 80 周年的传世之作的纪念和致敬。

新闻出版博物馆的馆藏，填补了《延安一月》重庆版的空白。从版本学的意义上说，1944 年 12 月二版的重要性，一点儿也不比 1944 年 11 月初版低。

当四个版本的重庆版《延安一月》一齐放进展柜时，我由衷地感叹：缘分竟然如此神奇。刊《延安一月》的重庆《新民报》、《延安一月》重庆初版、《延安一月》重庆再版、首发毛泽东《沁园春·雪》的重庆《新民报（晚刊）》、黄永玉画"未晚谈"老黄牛头花原稿，五件珍贵文物，因为"林放不老"展，首次走出中国近现代新闻出版博物馆库房，与观众面对面。这，才是文物的意义啊。

渝版《延安一月》是用什么纸印的？

在研究渝版《延安一月》版本的时候，周祯伟兄还顺手找到了一条有趣的材料。

叶圣陶长子叶至善在回忆录《父亲长长的一生》中写道：

> 当时市面上最畅销的新书是《延安一月》，赵超构先生以重庆《新民报》
> 记者的身份，去访问了一个月回来写的。我们家一听说就买了一本，除了
> 祖母和三午，都读过了。如今至诚"远游"有了眉目，又都重读了一两遍，
> 至诚不久就要到这个崭新而陌生的环境中去了，他将要学些什么做些什么
> 呢？总之是难以描摹的别一个世界。二月廿一，父亲带回来一本浏阳纸印
> 的《延安一月》，说是赵超构先生送给他的，给了至诚作为远游的纪念。
> 这个版本在当时的大后方，纸质和印刷都称得上精品，不知在现代几位藏
> 书家的玻璃柜里，可有保存的？

三午，是叶至善的儿子，当时只有三岁。至诚，即叶圣陶次子叶至诚，当年有
赴解放区之动议。

《父亲长长的一生》我曾购读，很喜欢，却不记得有这个细节，但我记得读过
叶至善女儿叶小沫写的相关文章，印象极为深刻。她写道，"写《父亲长长的一生》
的那一年，父亲已经 84 岁了"，"一年多时间里，父亲顾不上越来越糟糕的身体"，
"等他把写好的文章交给出版社时，唇下那浓密、雪白的胡须竟有一尺多长"，"这
时候他终于可以松一口气了，可就像气球一下子泄了气，再也起不来了"。读来十
分令人唏嘘。

从时间上推算，赵超老送给叶圣陶先生的书，应该是 1945 年 2 月的三版。赵超
老和叶圣陶先生，是老朋友。在"林放不老"展里，有一张珍贵的老照片，是赵超
老所摄，画面为两个男子的剪影，手法高妙。照片背后有赵超老亲笔所题："49 年（ 1949 ）

在昆明池为叶圣陶、刘尊棋摄的背影。"

叶至善书里的这段话，有几个重要信息：一、赵、叶二位在抗战时就颇多交往；二、《延安一月》是"当时市面上最畅销的新书"；三、印制渝版《延安一月》的"土纸"原来叫浏阳纸。

以上三点，最让我感兴趣的是最后一点。叶至善写书时，是2004年，已经到了暮年，距《延安一月》出版，整整一甲子，他怎么会记得书是用浏阳纸印的，甚至记得赵超老送书在某月某日呢？叶至善是一位非常严谨的编辑家，不会乱写。究竟是他清晰地记得往事，还是有所本？检叶圣陶日记，1945年2月21日，他记道：

> 十一时，至小天竺楷元家，应其招饮。天气晴朗，与楷元入附近人家果园，梅花方盛，望而怡然。既而何文龙、赵超构到其家，遂进餐。赵超构为《新民报》记者，去年往访延安，其所著《延安一月》，近颇为人传诵也。慕名已久，得会甚欢，承赠余浏阳纸本之《延安一月》一册，较前所见者清楚得多。

果然，叶至善写书时，手边有父亲日记作参考。此条日记更清楚地表明，1945年2月21日，是赵超老和叶圣陶先生初次相会。

这里聚会的主人"楷元"，应为王楷元。王楷元（1909—1980），名嗣曾，笔名万柳，湖北黄陂人，毕业于武汉大学外文系，既是作家、编辑，也是一位报人，曾任《大公报》记者，1943年至1945年底任成都《新民报》社资料社主任兼副刊《出师表》编辑，在《新民报》上开过专栏。

1937 年，王楷元就职于开明书店编辑所，与叶圣陶为同事。二人于 1944 年于成都重逢，过从甚密，一两年间，"楷元"在叶圣陶日记里出现了 70 多次。应王之约，叶圣陶为成都《新民报·晚刊》撰写了《七七周年随笔》《双十节随笔》《吃空额》等时评。1945 年，王请叶为新出版的成都《新民报》日刊写专栏，每周两三次，主要谈论教育问题。叶圣陶在重庆《新民报》副刊上发表了帮助青年写作的系列文章：《向着简练这方面努力》《"自己练习"和"给别人看"》《写那的确属于自己的东西》《动手写作以前》《求其达》等。叶、王二人还一起参与慈善活动。叶圣陶 1944 年 9 月 30 日的日记有记："楷元来，以《新民报》馆代收之援助贫困作家捐款四万数千元交余。余即走访翔鹤，以此款交与之。"当时，《出师表》辟出版面呼吁社会关注捐助贫困作家的活动。"翔鹤"即陈翔鹤（1901—1969），重庆人，作家，抗战时任中华全国文艺界抗敌协会成都分会常务理事。

不承想，在叶圣陶日记里，有这么多关于《新民报》的资料。日后当细细研读。

而赵超老和叶先生在王楷元家初识之后，一见如故。据叶日记载，仅仅四天后，即 2 月 25 日，二人就一起在叶宅喝酒聊天了：

> 十一时，至店中，少休，即至宴宾楼，应房东张小留招饮。开席未久，二官来言，楷元偕赵超构来访，因辞谢而归。听超构谈延安杂事。三时，偕出逛旧书肆，楷元、超构皆有所得。仍共返余家，留二君饮酒。酒系小墨友人所馈，为上好绵竹大曲。又有广汉之熏兔，牧野所赠之鱼，以为下酒之物。到夜，二君乃去。

如此，当是引为知交了。这里的"小墨"，即叶至善。"牧野"，即厉歌天，笔名厉国瑞，妻子为叶圣陶女儿叶至美，抗战时与岳父联合主编中华全国文艺界抗敌协会成都分会会刊《笔阵》。有儿子、女婿提供的好酒好菜，虽然在艰苦的大后方，叶圣陶也可以跟老友新朋开怀畅饮一番了。

回过头来再说浏阳纸。这种纸为湖南浏阳张坊镇生产，其历史可上溯至宋元，清乾隆年间被朝廷纳用，始有"贡纸"之谓。查《浏阳县志》，有如下记载："民国十三年，从业 89950 人，年产纸 7445 吨。""民国十四年，张坊在共产党领导下，分别建公益社、消费社，土纸生产鼎盛，武汉、长沙、衡阳等地客商在此设纸庄 30 多家，年输出纸 1400 吨。"看起来，浏阳纸运送到各地，是有历史的。但是在抗战期间，物资运输成本极高，要从沦陷区运纸到蓉、渝大后方，有没有可能呢？仍据《浏阳县志》载："民国三十三年，日寇盘踞浏阳，全县造纸业仅剩 3000 余人，产纸 1900 余吨。"这就只剩下原来的一个零头了。印制《延安一月》的浏阳纸是不是浏阳运来的呢？检得《祁阳文史资料》第 18 辑中《祁阳县农业志》载："湘报纸，用瑞香加白料（竹纤维）制成，用于印刷报纸。因从浏阳引进技术，故名浏阳纸。纸宽 0.6 米，长 1.3 米。"如此推断，抗战期间，在大后方，印刷报纸和书籍的应该是用浏阳技术生产的"湘报纸"，即"浏阳纸"。在抗战期间重庆出版的书籍的版权页上，时常可见"渝版浏阳纸"的字样。叶圣陶先生作为出版家，一眼可知《延安一月》是用浏阳纸印制的，完全合乎情理。

这次展出的四个渝版《延安一月》，纸张都发黄发脆，品相远比一年后的沪版《延安一月》差。但从叶至善的回忆来看，也许，在 80 年前，刚刚印出来的《延安一月》，真的特别漂亮，确实是"精品"呢。

2024 年 12 月

延安一月

趙超構構著

新民報股份...出版

赵超构英语笔记本

文成县博物馆藏

赵超构英语笔记本，证明他晚年还在学习英语。

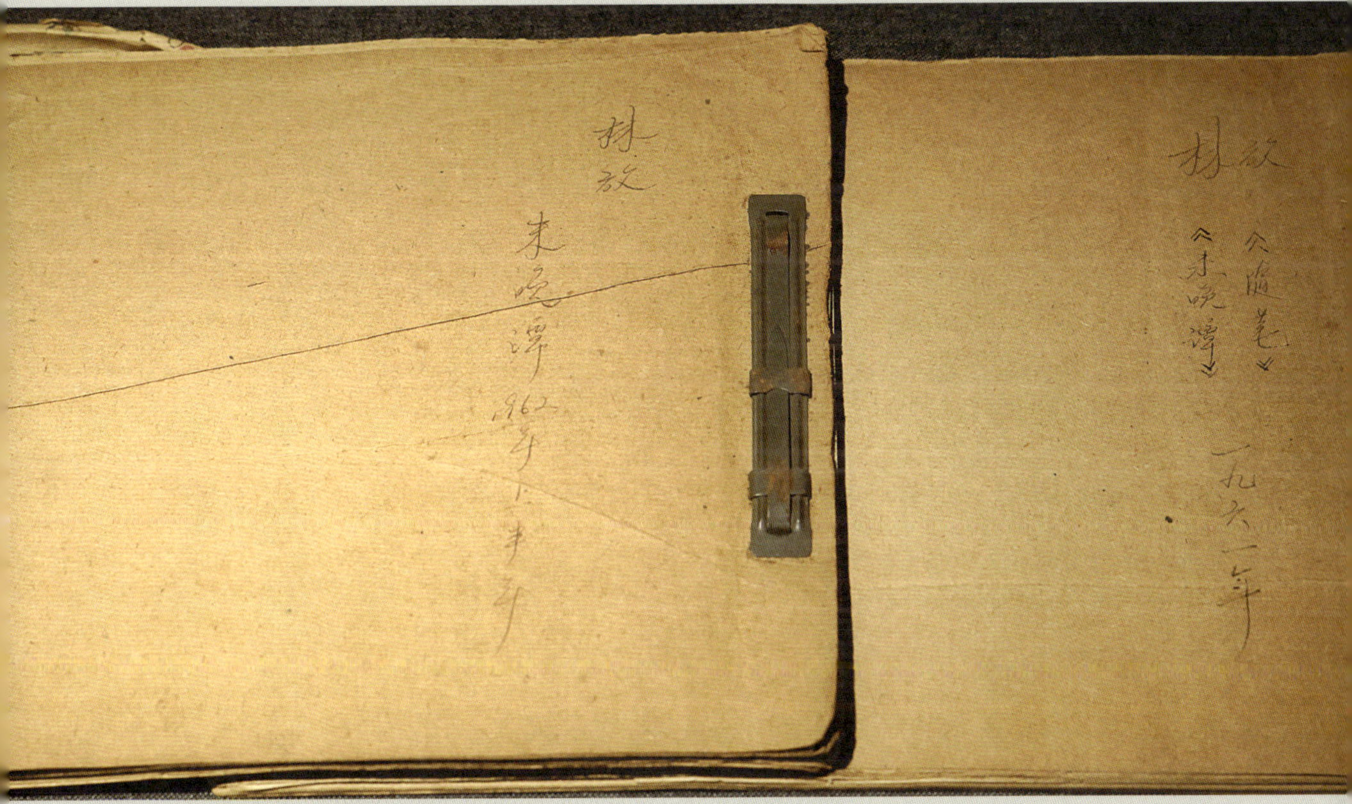

林放
未晚谭
林放
《随笔》
《未晚谭》
一九六一年

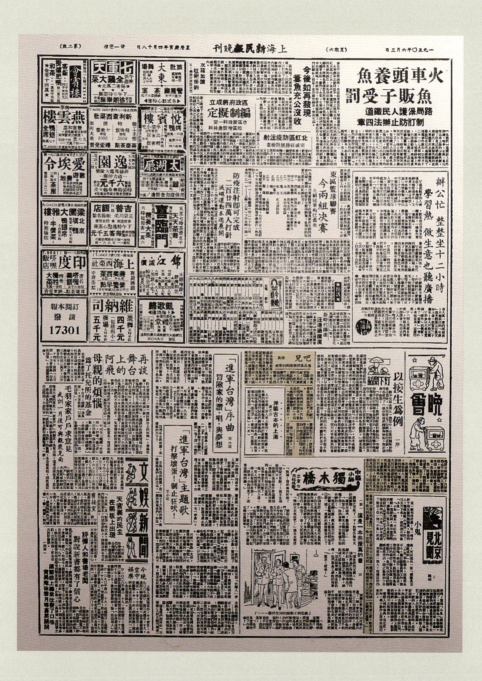

林放的杂文，是新民晚报的名片。"未晚谈"，是我国新闻史上持续时间最长的一个杂文专栏。1982年1月1日报纸复刊以后，再次成为赵超构先生的杂文专栏，一报刊于副刊"夜光杯"头条。复刊第一周，即发表6篇；第一个月，发了17篇；复刊10年，发了500多篇。最后一篇，是《谈话和听话》，发表于1992年2月24日，在此前11天，赵超构先生逝世，此稿署"林放遗作"。赵超构先生真正是把毕生献给了新民晚报的事业。在此，我们展示林放最后一批"未晚谈"手稿，弥足珍贵。

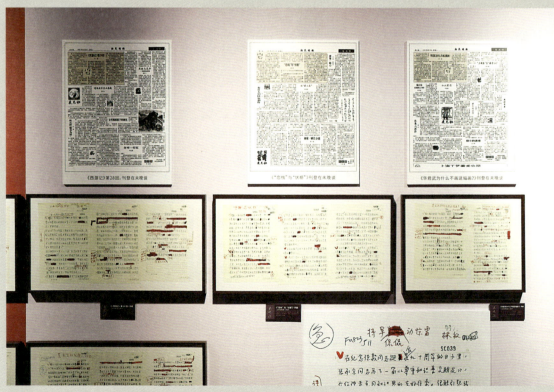

展厅照片　李铭珅 摄

◇ 特别鸣谢 ◇

上海市档案馆

上海图书馆

上海市作家协会

中共温州市委宣传部

中共文成县委

文成县博物馆

赵超构研究会

陈舜胜　赵　丰　赵　扬　富晓春

江曾培　严建平　郑辛遥　秦亚萍

左苏豫　支德裕　沙开胜　张春校

郑有慧　葛昆元　汪家明　董宁文

陈　辉　邵　琦　严　清

图书在版编目（CIP）数据

林放不老 / 李天扬编. -- 上海：上海书画出版社，
2025. 4. -- ISBN 978-7-5479-3571-2

Ⅰ. K825.42-64

中国国家版本馆CIP数据核字第2025S98X83号

林放不老

李天扬 编

责任编辑	孙　晖　袁　媛
审　　读	陈家红
责任校对	黄　洁
装帧设计	刘　蕾
技术编辑	吴　金

出版发行	上 海 世 纪 出 版 集 团 上海书画出版社
地址	上海市闵行区号景路159弄A座4楼　201101
网址	www.shshuhua.com
E-mail	shuhua@shshuhua.com
制版	上海雅昌艺术印刷有限公司
印刷	上海雅昌艺术印刷有限公司
经销	各地新华书店
开本	787×1092　1/16
印张	16
版次	2025年7月第1版　2025年7月第1次印刷

书号	**ISBN 978-7-5479-3571-2**
定价	**148.00元**

若有印刷、装订质量问题，请与承印厂联系